MELATONINA
PARA EL
ALMA

LUIS ALONSO NARANJO

MELATONINA
PARA EL
ALMA

UN VIAJE BÍBLICO HACIA LA PAZ INTERIOR EN
UN MUNDO DE ANSIEDAD E INSOMNIO ESPIRITUAL

Lupa Creativa
Storytelling

PREFACIO POR GABRIEL BALLERINI

242
N218m   Naranjo Múñoz, Luis Alonso
              Melatonina para el alma / Luis Alonso Naranjo Múñoz – primera edición –
           San José, Costa Rica : Master Litho, 2024.
              160 páginas ; 23 x 15 centímetros

              ISBN 978-9930-598-59-7

              1.DIOS. 2. FÉ. 3. PAZ. 4. SUPERACIÓN – VIDA ESPIRITUAL. 5. VIDA
           CRISTIANA. 6. SABIDURÍA. I. Titulo.

Título: *Melatonina para el Alma*

Autor: Luis Alonso Naranjo
© 2024, por Luis Alonso Naranjo Muñoz

Publicado por: Lupa Creativa
Dirección de la Editorial: San José, Costa Rica

Primera edición: febrero, 2024
Impreso en Costa Rica

© Diseño de portada: Luis Alonso Naranjo
© Diagramación editorial: Jhon Simancas

El papel utilizado para la impresión de este libro cumple con las normas de sostenibilidad y gestión forestal responsable.

Para solicitar permisos o para más información, por favor contacte a la editorial:
Correo Electrónico: luisalonso@lupacreativa.com
Sitio Web: www.lupacreativa.com

A mi esposa Paula
y mis hijos Gabriel y Santiago,
mis cantimploras en cada desierto,
mi motivación diaria,
mi cable a tierra.

ÍNDICE

PRÓLOGO

Me ha sorprendido la genialidad del título del libro y la perspectiva desde la cual fue escrito. Una obra que nace en la implicación personal del autor en cada tema tratado y no desde la fría perspectiva teórica de quien escribe acerca de la corrección espiritual pero sin la empatía característica de quien ha pasado por el asunto.

Éste es un auténtico libro devocional. El término *devocional* deriva de la palabra "devoción". La devoción es un sentimiento de profundo respeto, veneración y amor hacia algo o alguien. Los cristianos llamamos devocional al tiempo de dedicación íntima y exclusiva que apartamos para Dios. Generalmente incluye un tiempo de oración y lectura introspectiva de la Biblia. La propuesta del autor es un devocional nocturno que requiere para hacerlo al final del día. No cabe una lectura de corrido, apresurada y con la ansiedad de llegar a la meta rápido para luego dormir. Sino más bien, este devocional apelará a una lectura sin premura, un momento especial en que se logre disfrutar de la presencia de Dios antes de cerrar los ojos y permitir que Su Espíritu interpele al nuestro.

Cada capítulo incluye un escenario diferente de la vida, donde la angustia, la ansiedad, el enojo, la incertidumbre y el dolor se manifiestan como preocupaciones que pueden incrementar la crisis, el desconcierto, la desconexión espiritual y el insomnio. Pero al abrir sus páginas, el lector encontrará una justa dosis hormonal devenida en una sucesión de reflexiones bíblicas, engarzadas con atrapantes narrativas y conmovedoras historias con las que recurrentemente en cada capítulo se podrá sentir incómodamente identificado y desafiado a adentrarse en un verdadero *viaje bíblico hacia la paz interior*.

Se supone que el inicio de la vida cristiana comienza con una obra de transformación que marca un antes y un después de la irrupción de Cristo en la vida del creyente, de allí la figura del "nuevo nacimiento", que determina el surgimiento de una nueva etapa en la que Dios comienza como un alfarero a modelar la vida del cristiano. El arrepentimiento es considerado como un requisito fundamental para comenzar una nueva relación con Dios. Esto significa el reconocimiento de acciones, omisiones, palabras o pensamientos contrarios a la voluntad de Dios, que permitan un cambio de mentalidad y actitud hacia un verdadero proceso de transformación, sanidad, restauración, crecimiento y desarrollo personal. Pero esa nueva vida no siempre viene ausente de problemas, duelos, deudas, dolor, angustias y preocupaciones que afectan nuestras emociones y nuestro corazón.

Cuando en la Biblia aparece la palabra *"corazón"* no se refiere al órgano muscular vital de la circulación sanguínea, sino al centro o la esencia de la personalidad del hombre. El texto bíblico muy pocas veces refiere al órgano físico que está en el tórax. La palabra "corazón" en la Biblia está relacionada con algunas palabras modernas que usamos a menudo, como por ejemplo, personalidad, voluntad, mente, carácter, etc.

En este sentido, el profeta Ezequiel nos muestra un marco ético muy novedoso para su época al anunciar: Dejen atrás sus rebeliones, quiten sus transgresiones, sus maldades y "procuren encontrar un corazón nuevo y un espíritu nuevo" (18:31). De alguna manera el profeta estaría diciendo: Dejen de ocultar bajo la alfombra esas acciones que desagradan a Dios y no son propias de quienes desean seguirle, y procuren un cambio, es decir procuren hacerse de un "corazón y un espíritu nuevo". Lo que está diciendo el profeta es que el pueblo debía reorientar su vida; tanto la palabra *corazón*, que se refiere a la voluntad, como *espíritu,* que se refiere a la disposición o actitud, muestran que este cambio de disposición debía comenzar en la vida interior, para luego traducirse en acciones concretas.

Dios apunta en primer lugar al centro de nuestra vida. Él anhela que tengamos un corazón nuevo. En la Biblia no es el cerebro el centro del pensamiento o de la voluntad. En la cosmovisión hebrea es el corazón el que ocupa ese lugar. La palabra "corazón" en las Sagradas Escrituras hace referencia esencialmente al hombre completo, con todos sus atributos físicos, intelectuales, sentimentales y psicológicos. Los hebreos consideraban al corazón como el centro de la voluntad, lo que gobernaba todo. Es el corazón que hace que el hombre sea lo que es. Por tal motivo es que Proverbios 4.23 advierte "sobre todas las cosas cuida tu corazón, porque éste determina el rumbo de tu vida."

Si algo caracteriza el escrito de Luis Alonso es la recurrente idea, sostenida a lo largo de su obra, de ser sinceros y de invitar y desafiar al lector a meditar sobre su vida interior analizando el estado de su corazón. Que muchas veces es "perverso y engañoso" como afirmaba el profeta Jeremías (17:9) y se deja guiar por las apariencias. Por tal razón, con buen criterio, en cada sección del libro y con distintas historias, el lector se podrá ver reflejado en esa eterna tentación humana de llenar su corazón con ansiedad, Pero descubrirá un ejercicio de reflexión consciente, una oración guía y una meditación final para dormir y poder hacerlo en la paz del Señor.

Debo confesar que la lectura del libro de Luis Alonso me fue de mucha bendición y lo será también para todo el pueblo de Dios. Que estas pocas líneas sirvan como motivación preliminar para adentrarse en el desafiante tratamiento que el autor nos ofrece en esta franca y genuina oportunidad de encontrar una buena dosis de *melatonina para el alma*.

GABRIEL BALLERINI
Profesor de Teología, Bioeticista
Buenos Aires, Argentina
@balleriniok

INTRODUCCIÓN

Conociendo a Dios Íntimamente

¿Alguna vez has sentido que conoces a alguien tan profundamente que puedes prever sus palabras y pensamientos? Imagina tener esa misma conexión con Dios.

No se trata solo de conocer acerca de Dios, sino de conocer a Dios en sí. Considera la diferencia: conocer acerca de alguien puede involucrar datos y estadísticas, como saber dónde vive, su nombre, su profesión o qué deportes practica. Pero conocer a alguien de verdad, especialmente a un amigo cercano, es comprender sus sentimientos, anticipar cómo piensa, compartir sus valores morales y entender sus reacciones ante las distintas situaciones de la vida. Es conocer su carácter, gustos, acciones y reacciones.

Imagina ahora esta profunda conexión con Dios. Quiero invitarte a un viaje para desarrollar esta cercanía con Él. Yo la estoy experimentando y, aunque me avergüenza decirlo, creo que es por primera vez; y es una cercanía donde Su naturaleza y presencia se han hecho tan palpables que Su amor, sabiduría y, sobre todo, Su perfecto propósito justificado en Su absoluta soberanía, han venido llenando de paz cada momento de mi vida.

En busca de Paz en Medio de un Mundo Turbulento

¿No estás cansado de tanta angustia, de tanta ansiedad, de tantas preguntas sin respuesta? ¿No te gustaría tener un espacio cada noche para apagar todo y que lo último que hagas cada día sea meditar en la paz que sobrepasa todo entendimiento, que solo proviene de Dios?

En un mundo lleno de ruido y turbulencia, yo necesitaba algo que me convocara a la calma, y lo encontré en medio de una temporada de fin de año bastante desoladora. Surge una pregunta: si antes también oraba y ponía todas mis situaciones y conflictos en las manos de Dios, ¿cómo puedo asegurar que recién ahora he logrado controlar la ansiedad?

Parece que, sin saberlo, cada vez que "ponía en las manos de Dios" mis preocupaciones, era como si escribiera una carta. Conocía la dirección del destinatario, llegaba hasta allí y la depositaba en un buzón. Luego, esperaba cada día con mayor ansiedad, preguntándome si la habría leído y cuándo recibiría su respuesta. Pero ahora, puedo decir que conocí de tal manera al que habita en esa casa, que cada vez que llego, me invita hasta la cocina. Tomamos café y conversamos tanto, que logro entender el propósito de cada situación que enfrento. Esta nueva forma de comunicación ha transformado mi percepción y mi forma de vivir la fe. Y eso jamás hubiera sucedido si no hubiera conocido como Él realmente es. Más sobre eso, conforme vayamos avanzando.

Por eso quise escribir para documentar mi proceso, el cual, te podría animar a ti también a bajar la voz del caos, a respirar con consciencia y dejar que esta paz sublime, que puedo experimentar después de tanto tiempo en medio del tumulto, se anide también en tu ser.

"La paz no es la ausencia de aflicción, sino la presencia de Dios", dijo Charles Spurgeon. Y muchas personas sufrimos por falta de sueño, porque el sueño requiere paz. En la serenidad de este momento, quisiera invitarte a seguirme en este viaje de descubrimiento. Para empezar, debemos silenciar el escándalo del mundo y encender la luz de nuestro tabernáculo interior, iluminado por los siete espíritus de Dios de los cuales nos habla el pasaje que encontramos en ***Isaías 11:2*** *Y reposará sobre él el Espíritu del Señor, Espíritu de sabiduría y de inteligencia, Espíritu de consejo y de poder, Espíritu de conocimiento y de temor del Señor.*

Imagina que tienes un álbum de figuritas de fútbol y te faltan solo siete para completarlo. Buscas incansablemente, entre tus amigos y en tiendas, esas siete figuritas esenciales que completarían tu colección ya que eso te daría una sensación temporal de tranquilidad después del afán de la búsqueda. De manera similar, en la vida, estos siete espíritus son como las figuritas que necesitas diariamente para iluminar tus días y manejar las diversas circunstancias a las que te enfrentas. Si comprendiéramos plenamente lo que el Espíritu Santo logra a través de sus siete características en nuestro día a día, lo buscaríamos incansablemente cada mañana y clamaríamos por Su guía.

Como el profeta Elías, que encontró a Dios no en el terremoto ni en el fuego, sino en el susurro de una brisa suave, nosotros también buscamos esa presencia delicada y poderosa en la calma *(**1 Reyes 19:11-13**)*.

Isaías 30:21 nos exhorta a conocer y comprender a Dios: *"Este es el camino, andad en él"*. Y, en un llamado a la verdadera comprensión, Jeremías nos recuerda: *"Mas alégrese el que se gloría, en esto se gloríe: en entenderme y conocerme, que yo soy Jehová" Jeremías 9:24.* En esta voluntad divina de conocer a Dios cómo Él realmente es, está la promesa de una paz que sobrepasa todo entendimiento, pues inevitablemente aunque no entendamos, aceptaremos con mayor facilidad las situaciones que propicia, porque le conocemos y entendemos que todas estas cosas nos ayudan a bien **Romanos 8:28** *"Y sabemos que a los que aman a Dios, todas las cosas les ayudan a bien, esto es, a los que conforme a su propósito son llamados"*. Conocerlo, es pasar del frío buzón de correspondencia, a poder entrar a tomar café con Él.

En este momento, te invito a un respiro de serenidad. Después de leer esta noche, apaga todo y cierra los ojos. Siente la paz de Dios envolviéndote, protegiéndote y guiándote hacia una tranquilidad eterna.

Este es solo el inicio de nuestro viaje juntos, un camino hacia un conocimiento íntimo y personal de nuestro Creador. Quédate conmigo y, en cada encuentro, seguiremos descubriendo la serenidad y la profundidad de la sabiduría divina y descubriremos que lo que entendíamos por sabiduría, dista bastante de lo que realmente es.

En este devocional nocturno abarcaremos tópicos cotidianos y universales, pero al mismo tiempo profundos y sensibles. Son temas que han afectado mi día a día por muchos años, y puede ser que resuenen contigo. Son esas piedras en el zapato de nuestra vida espiritual que logran sacarnos de nuestra correcta relación con Dios, llenándonos de ansiedad y quitándonos la paz y, por consiguiente, el sueño.

Cada uno de los 7 capítulos de este pequeño libro, constan de un versículo bíblico que nos servirá como punto de partida hacia una reflexión inicial, después, un ejercicio de reflexión consciente, seguido por una guía de oración y por último una meditación final para apagar todo y descansar.

¿No te encantaría poder dejar de depender de fármacos para dormir o nunca tener que llegar a usarlos?

Listo, te animo a que cada devocional sea lo último que hagas cada noche.

Después de leer, apaga tu dispositivo, permite que la melatonina de tu cuerpo y alma se active, y deja que el Espíritu Santo te abrace con la paz que necesitas para descansar.

Que Dios renueve tus fuerzas para mañana, en la que espero que, como vitamina, la lectura de la Biblia te prepare para el día.

LUIS ALONSO NARANJO

MI ANSIEDAD
E INSOMNIO ESPIRITUAL

Este devocional es el fruto de un cierre de año 2023 que muchos describirían como caótico. Una secuencia de eventos laborales con desenlaces desastrosos me confrontó no solo conmigo mismo, sino también con mi relación con Dios.

En un café con quien me guía en medio de mi peregrinaje espiritual, entre lágrimas y tras abrirle mi corazón sintiéndome extremadamente vulnerable y desorientado, le pregunté: "Rodri, ¿qué piensas sobre todo lo que te he contado? ¿Qué está haciendo Dios en todo esto?" Su respuesta, rápida y llena de profundidad, resonó en mí: "No lo sé Luis, pero tal vez Dios te está dando material para predicar".

Desde ese instante, sus palabras han estado constantemente en mi mente. Aunque no estoy seguro de comenzar un proyecto pastoral o de tan siquiera considerar sus palabras como una confirmación divina para hacerlo, decidí retomar algo que, como compositor de canciones, había dejado de hacer hace mucho: escribir, pero sobre todo, escribir para mí mismo. Así, empecé a plasmar mis pensamientos, mis luchas y mi búsqueda de paz, en una forma que no había explorado en años.

Al despedirnos, me dio quizá el regalo más importante que he recibido en mis 14 años de camino cristiano, el Libro "El conocimiento del Dios Santo de J.I. Packer". Me explotó la cabeza desde que leí el primer capítulo y cambió mi perspectiva por completo e inspiró para sentarme a escribirme a mí, en el camino, mi esposa me exhortó a que compartiera el consuelo que recibimos como familia con otros.

Este proceso ha sido una catarsis. Sin embargo, enfrento el síndrome del impostor, lleno de ansiedad e inseguridad al cuestionar que lo que escribo podría ayudar a otros. Por esto, elegí la Ansiedad como tema principal, (más honesto imposible), reflejando lo que he estado viviendo. Me recordé que, antes de correr, hay que caminar, y antes de caminar, hay que gatear. El Espíritu Santo, como un diligente bibliotecario, ha venido extrayendo de mi mente los libros de la Biblia cubiertos de polvo y telarañas que, hace algún tiempo devoraba, pero que, tristemente, guardé enojado con Dios por sentirme defraudado por personas de fe. ¿Te identificas?

Esa situación afectó mi relación con Dios, pero, gracias a Su fidelidad, Él nunca cambió Su relación conmigo. Ahora, ha propiciado una nueva fase para mostrarme cuánto me ama y cuánto me ha extrañado con el único propósito de acercarme de nuevo a Él, pero esta vez, hasta la cocina.

Tal vez tu peregrinaje sea diferente al mío, pero, si en estas pequeñas reflexiones encuentras algo con lo que te identificas, Dios estará comenzando a cumplir Su propósito en ti también.

Agradezco sinceramente que hagas este recorrido conmigo, unidos en el deseo de ya no solo conocer acerca de Dios, sino de conocer a Dios íntimamente.

San José. Costa Rica 29 de diciembre 2023.

ANSIEDAD
E INSOMNIO
ESPIRITUAL

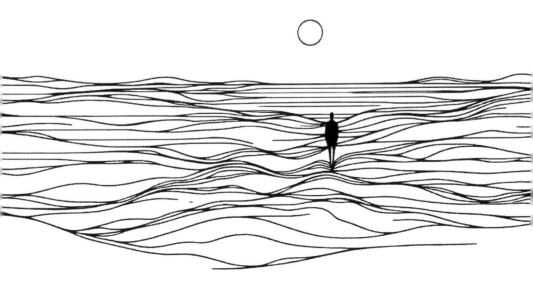

CAPÍTULO 1
AFRONTANDO LA ANSIEDAD
DEL NUEVO AÑO

¿Qué dice la Palabra de Dios?

"Por tanto, no os afanéis, diciendo: ¿Qué comeremos?, ¿o qué beberemos?, ¿o con qué nos vestiremos? Porque los gentiles buscan todas estas cosas; pero vuestro Padre celestial sabe que tenéis necesidad de todas estas cosas. Mas buscad primeramente el reino de Dios y su justicia, y todas estas cosas os serán añadidas."

Mateo 6:31-33

Reflexión

Al inicio de este nuevo año (o en cualquier momento que comiences este devocional), es natural sentirse abrumado por una mezcla de expectativas y preocupaciones. Las deudas acumuladas durante las festividades y la presión financiera de la "cuesta de enero", sumadas a la reflexión sobre los objetivos no alcanzados del año anterior, pueden generar una considerable ansiedad. Mantener el enfoque y la confianza en estos momentos puede ser un verdadero desafío.

En mi caso, viví una situación sumamente difícil cuando mi esposa y yo, nos quedamos sin trabajo en diciembre. Este tipo de experiencias, que muchos podrían estar enfrentando, llevan a una profunda reflexión sobre nuestra seguridad financiera y nuestras prioridades.

El versículo de Mateo nos enseña sobre la confianza en la provisión de Dios. Nos insta a no angustiarnos excesivamente por nuestras necesidades materiales, sino a buscar primero Su reino y su justicia. De manera similar, el apóstol Pablo en **Filipenses 4:6-7** nos dice: *"Por nada estéis afanosos, sino sean conocidas vuestras peticiones delante de Dios en toda oración y ruego, con acción de gracias"*. Este pasaje nos anima a presentar nuestras preocupaciones a Dios en oración, confiando en Su cuidado y provisión pero con un detalle primordial: dando gracias.

En el contexto de estas reflexiones y de la búsqueda de paz en un nuevo año, el pasaje de **Isaías 43:18-19** nos ofrece un mensaje de esperanza y renovación: *"Ya no se acuerden de las cosas pasadas; no hagan memoria de las cosas antiguas. Fíjense en que yo hago algo nuevo, que pronto saldrá a la luz. Volveré a abrir un camino en el desierto, y haré que corran ríos en el páramo"*. Este versículo nos anima a no quedarnos atrapados en nuestros fracasos y decepciones pasadas, sino a mirar hacia adelante con esperanza, confiando en que Dios está obrando algo nuevo en nuestras vidas.

Reflexionemos por un instante el versículo de **Lamentaciones 3:22** *"Nuevas son sus misericordias cada mañana"*. En un mundo donde la ansiedad por el futuro es común, este pasaje ofrece una perspectiva tranquilizadora. Nos anima a entregar nuestras preocupaciones y ansiedades a Dios, confiando en que Él cuidará de nosotros. Al vivir cada día con gratitud y reconocimiento de las nuevas misericordias de Dios, podemos experimentar una paz profunda y una seguridad en Su amor constante y Su cuidado providencial. En la Biblia, vemos que Dios no instruye específicamente a Su pueblo para hacer planes a largo plazo para cada nuevo año. En cambio, en el caso del pueblo de Israel en el desierto, Dios les proporcionó maná cada mañana *(Éxodo 16)*. Este alimento diario era un recordatorio constante de que debían confiar en Dios para sus necesidades diarias y no acumular para el futuro. Nos los recuerda el mismo Jesús cuando dice, *"Así que, no os afanéis por el día de mañana, porque el día de mañana traerá su afán. Basta a cada día su propio mal." **Mateo 6:4.***

Así que mi propósito para este año es dejar de tener propósitos anuales y convertirlos en propósitos diarios de compañerismos con Dios. El resto, mientras no descuide los principios de honestidad, responsabilidad, diligencia, denuedo y mayordomía de lo que se me ha dado a administrar, me será añadido.

Aunque pueda ser difícil, es esencial no ver despropósito en las decisiones de personas que tomaron acciones que nos afectaron financieramente. Sea una estafa, retención de pagos, o promesas de contratos incumplidas, todas estas circunstancias son parte del plan perfecto de Dios. En el Antiguo Testamento, David nos da una lección sobre esto. Mientras era insultado por Simei, su general le ofreció poner fin a los insultos. Sin embargo, David respondió, como está registrado en ***2 Samuel 16:10-11*** *Y el rey respondió: ¿Qué tengo yo con vosotros, hijos de Sarvia? Si él así maldice, es porque Jehová le ha dicho que maldi-*

ga a David. ¿Quién, pues, le dirá: Por qué lo haces así? Y continúa: *"Déjalo, que maldiga, porque Jehová se lo ha dicho. Quizá Jehová mire mi aflicción, y Jehová me pague bien por sus maldiciones de hoy".* Esta respuesta de David refleja una actitud de sumisión y confianza en que todo lo que sucede es propiciado por Dios para trabajar en nosotros. Él es quien manda a las personas a sacarnos de quicio, pero, si lo logramos identificar, ya no podrán hacerlo.

Una de las situaciones desafiantes al final del año, además de una estafa y un pago de un trabajo realizado retenido por varios meses, fue cuando la organización internacional para la que trabajaba prometió renovar mi contrato por un año más. Solo restaba formalizarlo en octubre, pero en la última semana de noviembre, me informaron que, debido a cambios administrativos, mi contrato no se renovaría. Mi decepción fue profunda, ya que desde octubre podría haber buscado un plan B. Me preguntaba cómo podían darme tal noticia en ese momento, dejándome sin margen de acción. Tras la reunión por Zoom, la persona que me informó, a quien tengo un especial cariño y aprecio, me dijo con pesar: "Tengo un nudo en el estómago, estaré orando para que encuentres el propósito de Dios en esto". Mi respuesta fue rápida: "No, esto es profesional, no espiritual. La organización no cumplió su promesa". Qué soberbia la mía, con semejante respuesta. A pesar del posible mal manejo de ellos a nivel profesional, Dios usó esa circunstancia, al igual que con David, para detenerme en seco y aceptar la invitación a Su "cocina", para enfrentarme y reinvitarme a Su "casa". Me avergüenza lo que tuvo que hacer para lograrlo, pero también me muestra el valor de ese encuentro íntimo y humano con Dios. Le debo una disculpa sincera a mi amigo Daniel, quien siempre buscó lo mejor para mí.

La vida puede ser vista como un gran salón de clase universitario, y el curso se llama "Cómo vivir una vida correcta de acuerdo a la voluntad de Dios". Las pruebas y los exámenes pueden parecer no tener mucho sentido si los analizamos a la luz de los valores del mundo. Pero a la luz de la Palabra de Dios, nuestro enfoque debe estar en los valores explicados por Jesús en las Bienaventuranzas. Mientras el mundo nos dice que bienaventurado es el famoso, el poderoso, el rico, el guapo, el exitoso, etc, Jesús nos enseña que en Su reino, bienaventurado es el pobre de espíritu, el que llora, el manso, el misericordioso, el pacificador, el perseguido, entre otros *(Mateo 5:3-12)*. Estos valores del reino de Dios deben ser nuestro norte y guía en medio de las pruebas financieras y las ansiedades de la vida.

Nadie quiere comenzar un nuevo año con la incertidumbre de no saber qué puertas se abrirán o cómo cumplir con las responsabilidades financieras. En mi experiencia, he aprendido a ser muy organizado con el dinero debido a situaciones adversas del pasado. Estas experiencias me han enseñado lecciones valiosas. Por eso, puedo identificar que la situación actual no es solo financiera o profesional; es un llamado espiritual de acercamiento. Es una oportunidad para un avivamiento espiritual, para dejar de confiar en mis esfuerzos y talentos y ser resucitado espiritualmente, tal como Lázaro, un ejemplo que exploraremos más adelante. Pero, sobre todo, estas situaciones han representado una oportunidad de oro para poder tener controlado mi afán bajo la tutela de Dios, *Eclesiastés 1:3* dice: *"¿Qué provecho tiene el hombre de todo su trabajo con que se afana debajo del sol?"* Este versículo me confronta sobre el propósito y valor de mi trabajo y esfuerzo y, te debería también confrontar a ti. En la vida moderna, es fácil quedar atrapados en la búsqueda de éxito y acumulación de bienes, perdiendo de vista lo que realmente importa. Una persona puede trabajar incansablemente para ascender en su carrera, pero si este esfuerzo conduce a descuidar aspectos esenciales como la familia, la salud o la vida espiritual, se debe cuestionar la verdadera ganancia de dicho trabajo. Hay gente tan pobre que lo único que tienen es dinero, y ese afán constante no solo de conseguir proveer lo necesario, sino de acumular riquezas, también está previsto en La Palabra. *1 Timoteo 6:9 dice: "Porque los que quieren enriquecerse caen en tentación y lazo, y en muchas codicias necias y dañosas, que hunden a los hombres en destrucción y perdición."* Este versículo advierte sobre los peligros de centrar nuestra vida en eso. Imagina un empresario que, en su deseo de enriquecerse, recurre a prácticas deshonestas o injustas, perjudicando a otros y, eventualmente termine enfrentando consecuencias legales o personales graves. Conozco a muchos que han sido atrapados por ese lazo.

Este nuevo año es una oportunidad espectacular para volver a depender de Dios a diario, pero sobre todo, para perdonar a todas esas personas que me anclaron a una raíz de amargura y decepción en el pasado. Aunque yo pensaba que mi resentimiento era justificado, la liberación de esa amargura a través del perdón no se hubiera dado sin estas situaciones recientes. Dios nunca podrá hacer un reset espiritual en nuestro corazón si nuestra mente está distraída. Él necesita nuestro enfoque absoluto, y para eso, nos pone de rodillas para apoyarnos en Él, pedir perdón, arrepentirnos de corazón y, en lugar de pedirle que solucione la situación, tener la humildad para pedirle que no la solucione hasta que haya limpiado todo lo que necesita limpiar. En ese punto, te verás orando por aquellos que te hicieron daño, agradeciendo a Dios por haberlos usado en esta universidad de la vida, para trabajar en tu carácter y graduarte con honores en esa materia. Te verás limpio de una amargura que era un veneno que tomabas a diario, esperando que la persona que te hirió muriera envenenada. Te limpias por dentro mientras creas nuevos callos en tus rodillas, que tenían tiempo de estar muy sanas, todo esto para entender y abrazar de nuevo la hermosa verdad de que *"el que no escatimó ni a su propio Hijo, sino que lo entregó por todos nosotros, ¿cómo no nos dará también con él todas las cosas?"* **Romanos 8:32**.

Un nuevo año, (me refiero al periodo de 365 días), no es más que un orden administrativo de asuntos del mundo, una manera de calendarizar, mientras que un día (24 horas) representa la oportunidad de acercarnos a un modo de vida que es un ensayo para una eternidad plena, donde las angustias y ansiedades superfluas no existirán, sin restricciones de tiempo ni espacio. Por eso sus misericordias se renuevan no cada 365 días, sino cada mañana. Un año sirve para determinar temporalidades dentro del marco limitado de nuestra humanidad; un día, en cambio, actúa como un renovador a corto plazo, Él siempre respondiendo a nuestra impaciencia, para recibir el amor incondicional y la misericordia viva de un Dios que, a pesar de nuestra infidelidad, permanece fiel. ¿Te imaginas la ansiedad que nos causaría que, si te equivocas el 3 de enero, deberás esperar hasta el próximo año para volver a recibir otra oportunidad?

Ejercicio de Reflexión Consciente

Reflexionemos juntos sobre nuestras preocupaciones actuales, en particular aquellas relacionadas con el inicio del año. Si pudiéramos devolver el tiempo,

- ¿qué decisiones habríamos tomado de manera diferente bajo la guía del Espíritu Santo?
- Pensemos específicamente en nuestros gastos: consideremos qué compras innecesarias podríamos haber evitado, que ahora contribuyen a nuestra ansiedad.
- ¿Qué adquisiciones podrían haber sido omitidas para aliviar nuestra preocupación actual?
- Y, además, por más difícil que parezca, pensemos en las personas a quienes creíamos causantes de nuestras tristezas, y demos gracias a Dios por ellas al haber entendido que fue Él quien les pidió que lo hicieran.
- ¿Estamos dispuestos a hacer lo mismo que hizo David?
- ¿Fue diaria nuestra relación con Dios, o le dejamos una carta en Su buzón de vez en cuando?

Dediquemos algunos minutos a este ejercicio.

Bien Hecho

La Biblia nos enseña en *1 Corintios 11:31* que *"si nos examináramos a nosotros mismos, no seríamos juzgados"*. Ahora que hemos reflexionado conscientemente sobre nuestras preocupaciones financieras y emocionales y cómo podríamos mejorarlas, estamos listos para orar y prepararnos espiritualmente. La próxima vez que enfrentemos una situación similar, tendremos las herramientas espirituales para actuar de acuerdo con lo que Dios espera de nosotros.

» Oración

"Señor, en este momento de reflexión y sinceridad, vengo ante ti con un corazón abierto y dispuesto a aprender de mis experiencias pasadas. Reconozco que al inicio de este año, mis preocupaciones y ansiedades han estado centradas en las finanzas y en los desafíos que enfrento. Señor, si pudiera volver atrás, te pido que me guíes para tomar decisiones más sabias, guiadas por tu Espíritu Santo, especialmente en mis gastos y en cómo administro los recursos que Tú me has confiado.

Te doy gracias, Señor, por cada situación que he enfrentado, incluso aquellas que en su momento me causaron dolor y tristeza. Entiendo ahora que Tú trabajas a través de todas las circunstancias y personas en mi vida. Incluso en aquellos momentos en que sentí que las acciones de otros me perjudicaban, reconozco que Tú estabas obrando en mi vida, moldeando mi carácter y fortaleciéndome en la fe.

Ayúdame, Padre, a tener la misma actitud de David, que incluso en medio de las maldiciones, buscó tu propósito y tu voluntad. Quiero aprender a agradecerte por todas las personas y situaciones, sabiendo que a través de ellas, estás trabajando en mi vida.

Enséñame a ser más reflexivo y consciente en mis decisiones financieras y emocionales. Ayúdame a confiar más en Ti y menos en mi propia fuerza y sabiduría. Deseo depender completamente de Ti diariamente, no solo cuando te necesito en angustia o ansiedad, sino también en agradecimiento cuando me bendices, sabiendo que en tu soberanía, tienes un plan perfecto para mi vida y que conforme a tu llamado, todo lo que propicies me ayuda para bien.

Ahora, mientras me preparo para enfrentar los desafíos que vienen, fortaléceme con tu Espíritu. Que pueda actuar de acuer-

do a lo que esperas de mí, y que en cada situación futura, recuerde tu fidelidad y tu amor. Todo esto te lo pido en el nombre de tu hijo Jesús, Amén."

» Meditación Final para Dormir

"Por nada estéis afanosos, sino sean conocidas vuestras peticiones delante de Dios en toda oración y ruego, con acción de gracias."
Filipenses 4:6

Mientras cerramos este tiempo de lectura, reflexión, oración y meditación final, te invito a apagar todo dispositivo electrónico y a crear un espacio de calma y serenidad. Que estas palabras sean lo último en lo que medites hoy, permitiendo que la paz de Dios llene tu corazón y mente. Que poco a poco (si los tomas) puedas dejar a un lado los fármacos y los medicamentos para dormir, y confía en el Señor para conciliar un sueño reparador. Recuerda que aquí está tu melatonina para el Alma:

"En paz me acostaré, y así mismo dormiré; porque solo tú, Jehová, me haces vivir confiado". **Salmo 4:8**.

Que tengas una noche de descanso profundo, en la gracia y el amor de Dios.

CAPÍTULO 2
MANEJANDO LA ANSIEDAD
EN LAS RELACIONES

¿Qué dice la Palabra de Dios?

"Soportaos unos a otros, y perdonad si alguno tiene queja contra otro. De la manera que Cristo os perdonó, así también hacedlo vosotros."

Colosenses 3:13

Reflexión

En tu vida, las relaciones personales pueden ser una fuente significativa de alegría, pero también de ansiedad, especialmente cuando surgen conflictos o malentendidos. Este versículo te anima a adoptar una actitud de paciencia y perdón, siguiendo el ejemplo de Cristo.

Imagina que estás enfrentando un desafío en una relación

cercana, quizá con un amigo, un familiar o tu cónyuge. Probablemente no lo tengas que imaginar, pues es exactamente por lo que estás pasando. Los desacuerdos y las tensiones pueden hacer que te sientas ansioso y afectar tu paz interior. En estas situaciones, es importante recordar el consejo de **Santiago 1:19:** *"Sea todo hombre pronto para oír, tardo para hablar, tardo para airarse".* Tomarte el tiempo para escuchar realmente y entender el punto de vista de la otra persona puede ser el primer paso para resolver el conflicto.

Además, **Efesios 4:26** nos aconseja: *"Airáos, pero no pequéis; no se ponga el sol sobre vuestro enojo".* Esto significa que, aunque es natural sentir enojo, no debemos dejar que ese enojo nos lleve a actuar de manera que lastime a otros o a ti mismo. En lugar de responder con palabras hirientes o acciones impulsivas, La Palabra de Dios nos demanda, (no es sugerencia), a buscar maneras de expresar nuestros sentimientos de manera constructiva, siempre buscando la reconciliación y la paz.

Además de estos consejos del Nuevo Testamento, podemos encontrar en el Antiguo Testamento, particularmente en los libros de Samuel, ejemplos poderosos sobre la gestión de relaciones personales. La vida de David es un testimonio de cómo enfrentar situaciones desafiantes en las relaciones con integridad y fe.

David, ungido como rey siendo aún un joven pastor, enfrentó numerosos desafíos en sus relaciones, tanto personales como políticas. Uno de los episodios más destacados es su relación con el rey Saúl. A pesar de la envidia y la hostilidad de Saúl, David se negó a devolver el mal por mal. Este comportamiento refleja el principio de *"amor a los enemigos"* que Jesús enseñaría mucho después en **Mateo 5:44.**

Gary Chapman, autor de "Los Cinco Lenguajes del Amor", enfatiza en la importancia de comprender y respetar las diferencias en las relaciones. No soy de hacer paralelismos entre la psicología y las Escrituras, pero a veces hay verdades bíblicas que otros explicaron de manera sencilla sin saber que el principio ya estaba establecido. Chapman explica que expresar amor de manera que sea significativa para la otra persona puede transformar positivamente las relaciones. Claro, eso no significa tirarse de un puente o pecar para demostrar "amor" a otra persona o comprar su afecto, pero esta idea resume la paciencia y la comprensión que David mostró hacia aquellos que lo rodeaban, incluso en circunstancias sumamente adversas.

Es esencial recordar que, al igual que David, nuestras relaciones son una plataforma para demostrar nuestra fe y nuestro compromiso con los valores cristianos. Las relaciones no son solo sobre nosotros; son oportunidades para reflejar el amor y la gracia de Dios a aquellos con quienes interactuamos.

El libro "El Conocimiento del Dios Santo" de J.I. Packer que mencionaba al inicio, es una obra profunda y reflexiva sobre la naturaleza y el carácter de Dios desde una perspectiva cristiana. En él, Packer explora diversos aspectos del carácter de Dios, incluyendo Su amor, gracia, justicia, y soberanía. Aunque el libro no se centra específicamente en relaciones humanas, sus enseñanzas son tan profundas que pueden aplicarse a, cómo entendemos y manejamos nuestras relaciones personales bajo una luz cristiana.

Es vital la comprensión de Dios como un ser relacional. Packer enfatiza que conocer a Dios es más que tener un conocimiento intelectual; es también tener una relación personal y amorosa con Él.

Amor Incondicional: Packer habla del amor incondicional de Dios. En nuestras relaciones personales, este tipo de amor se manifiesta en la aceptación y el cariño hacia los demás, independientemente de sus fallas o diferencias. Esto refleja la enseñanza bíblica de amar a nuestro prójimo como a nosotros mismos *(Mateo 22:39)*.

Gracia y Perdón: Otro aspecto crucial es la gracia de Dios. La gracia de Dios es Su bondad hacia aquellos que no la merecen. En el contexto de las relaciones, esto nos desafía a mostrar gracia y perdón hacia los demás, especialmente en situaciones de conflicto, siguiendo el modelo de Cristo.

Comunicación y Oración: La comunicación es fundamental en la relación con Dios, y subrayar la importancia de la oración como medio de comunicación con Dios es imperativo. De manera similar, una comunicación efectiva y empática es esencial en nuestras relaciones personales. Debemos esforzarnos por escuchar y comprender a los demás, tal como buscamos comprensión y guía en nuestra comunicación con Dios.

Soberanía y Confianza: La soberanía de Dios es un tema recurrente en el libro. En nuestras relaciones, reconocer que no tenemos control total nos hace confiar más en Dios y menos en nuestras propias fuerzas. Esto nos lleva a abordar las relaciones con humildad y confianza, sabiendo que Dios está trabajando en nuestras vidas y en las vidas de aquellos a quienes amamos o a quienes no soportamos, a quienes usa como instrumentos para forjar en nosotros el carácter de Cristo.

Crecimiento y Madurez Espiritual: Packer enfatiza el crecimiento en el conocimiento de Dios como un viaje hacia la madurez espiritual. En las relaciones, esto se traduce en un crecimiento y madurez en cómo interactuamos con los demás, un amor maduro, buscando siempre reflejar el carácter de Cristo en nuestras acciones y palabras.

Es impresionante, cómo la multiforme gracia de Dios puede sorprenderte con una enseñanza sobre un tema en específico, leyendo un libro que aparentemente habla de otra cosa. Leyendo el libro, Dios me hizo entender que: **Mientras más espiritual sea mi relación con las personas, más personal será mi relación con Dios.**

Al integrar estas enseñanzas en nuestra comprensión y práctica de las relaciones personales, podemos aspirar a relaciones más profundas, compasivas y auténticamente cristianas. Esto no solo enriquece nuestras vidas personales, sino que también sirve como un testimonio del amor y la gracia de Dios en el mundo.

Viéndonos en el Espejo

Hay un concepto en cuanto a las relaciones que me parece relevante compartir también y es el concepto del "espejo". Este concepto es una perspectiva que sugiere que las cualidades o comportamientos en los demás que nos provocan una reacción fuerte, ya sea positiva o negativa, a menudo reflejan aspectos de nosotros mismos que no hemos reconocido o aceptado plenamente. Es decir, lo que me cae mal de la otra persona, es lo que no soporto de mí que veo reflejado en esa persona. Esta idea se puede explorar desde varias dimensiones:

Reflejo de Nuestros Propios Rasgos: Cuando sin saberlo, reaccionamos intensamente a ciertos comportamientos o características de otra persona, puede ser un indicio de que estamos viendo en ellos algo que no hemos aceptado en nosotros mismos. Por ejemplo, si te irrita profundamente la arrogancia en alguien, podría ser un reflejo de tu propia lucha con sentimientos de superioridad o inferioridad.

Oportunidad para la Auto-reflexión: Este concepto nos invita a la introspección. En lugar de enfocarnos en el defecto percibido en la otra persona, podemos preguntarnos: "¿Qué aspecto de mí mismo estoy viendo reflejado aquí? ¿Por qué me afecta tanto esta característica en la otra persona?"

Crecimiento Personal y Espiritual: Desde una perspectiva cristiana, este proceso de reflexión puede ser visto como una oportunidad para crecer espiritualmente y acercarse más a la imagen de Cristo. Se alinea con el mandamiento bíblico de examinarse a uno mismo *(2 Corintios 13:5)* y de tratar a los demás con amor y paciencia, reconociendo nuestras propias imperfecciones.

Empatía y Comprensión: Al reconocer que los rasgos que observamos en los demás también existen en nosotros, podemos desarrollar una mayor empatía. Esto nos ayuda a entender que todos estamos luchando con nuestras propias debilidades y desafíos, y nos lleva a una actitud más comprensiva y menos crítica hacia los demás.

Sanación y Liberación: Reconocer y aceptar los aspectos de nosotros mismos que vemos reflejados en los demás puede ser un paso poderoso hacia la sanación personal. Al identificarlos podemos pedirle a Dios trabajar en estas áreas, no solo mejoramos nuestras relaciones, sino que también encontramos una mayor paz y satisfacción en nuestra vida espiritual. Eliminando la ansiedad que nos causa su mera presencia.

El concepto del "espejo" en las relaciones personales nos desafía a ver nuestras interacciones con los demás como un reflejo de nuestro propio ser interior. Nos impulsa a la introspección, al crecimiento personal y espiritual, y a una mayor empatía y comprensión hacia los demás. Es una herramienta valiosa para vivir de manera más acorde con los principios cristianos de amor, perdón y aceptación.

Tal vez una de las frases más dañinas en nuestro vocabulario sea "me cae mal", pronunciada con la certeza absoluta y precisa de que todos erramos, pero usada desde una perspectiva egocéntrica, como si percibiéramos el mundo a través de un cristal con los ojos de quien nunca se equivoca. No nos detenemos a considerar que, al igual que otros nos desagradan, también nosotros podríamos ser motivo de desagrado para muchos. En esta ironía, nos convertimos en espejos para ellos, reflejando no solo lo que rechazamos en los demás, sino también aspectos ocultos de nuestra propia alma, revelando nuestras vulnerabilidades y prejuicios. Así, la frase se convierte en un espejo donde no solo vemos al otro, sino, más profundamente, un reflejo de nosotros mismos.

Tuve la grata experiencia de viajar por muchas partes de Estados Unidos con el conferencista Sixto Porras, especialista en temas de familia. Como su productor audiovisual, el lente de mi cámara debía captar cada momento. Cuando llegábamos a alguna ciudad, me alentaba muchísimo ver las diferentes expresiones de adoración y alabanza de las congregaciones antes de cada conferencia. Sin embargo, lo que realmente captó mi atención fue la sesión de preguntas y respuestas al final, después de que Sixto daba su mensaje. Las personas enviaban sus preguntas a través de mensajes de texto, sin revelar sus identidades. En esas preguntas anónimas, se revelaban inquietudes profundas y personales, a veces hasta incómodas de escuchar, mostrando una faceta distinta de las mismas personas que minutos antes expresaban su fe con tanta convicción. Esta dinámica contrastante me recordó cómo, en la vida, a menudo solo vemos una parte de los demás, y cómo nuestras percepciones pueden ser reflejos parciales de la complejidad del día a día de cada persona. Tal vez esa persona que me "cae mal" está pasando por luchas y desiertos desafiantes en su vida personal y en su entorno familiar o laboral. Me parecía sumamente impresionante, pero al mismo tiempo, despertaba todas las alarmas sobre mí mismo, cómo en un mismo evento las personas pueden exhibir una gran fe y devoción durante los momentos de adoración, pero luego, en las preguntas anónimas, revelan luchas y conflictos en sus relaciones personales que parecen desalineadas con sus expresiones de fe.

Este contraste destaca una dicotomía común en la experiencia humana: la discrepancia entre nuestras creencias o lo que mostramos públicamente y nuestras luchas personales, a menudo ocultas. En la Biblia Pablo lo señala como lo vergonzoso que sucede a escondidas. *"Más bien, hemos renunciado a todo lo vergonzoso que se hace a escondidas; no actuamos con engaño ni torcemos la palabra de Dios. Al contrario, mediante la clara exposición de la verdad, nos recomendamos a toda conciencia humana en la presencia de Dios". **2 Corintios 4:2*** Tal situación puede ser un reflejo de cómo las enseñanzas y los principios del Evangelio, aunque aceptados y celebrados en un contexto de fe como la congregación, en donde, levantados los brazos y adorando en grupo, es sencillo mostrarnos piadosos, a veces estos principios encuentran dificultades para ser integrados completamente en los aspectos más personales y cotidianos de la vida, como las relaciones familiares y conyugales. Mostrarnos como cristianos cuando visitamos la Iglesia es sencillo, pero ¿somos igualmente cristianos en los sitios que visitamos con el celular, cuando nadie nos ve? En las relaciones, especialmente de pareja, no hay nada más efectivo contra la ansiedad que vivir con el celular a la vista. Imagina que puedas colocarlo boca arriba en la mesa del restaurante, que tu cónyuge conozca su contraseña, y que no te inquietes cada vez que recibes un mensaje de texto, confiando en que no perteneces a chats donde se comparta contenido inapropiado. Piensa en la tranquilidad de poder prestar tu celular si el de tu pareja se queda sin batería, para que busque información en Google sin encontrarse con un historial oculto y vergonzoso.

Una situación personal que me ha impactado profundamente y ejemplifica claramente el concepto de acciones ocultas y vergonzosas involucra a alguien que era muy cercano a mi corazón y al de mi familia. Esta persona, a pesar de tener un profundo conocimiento de la Palabra, ahora enfrenta consecuencias dolorosas. Esta persona me enseñó que la verdadera medida de mi relación con Dios no está en lo que hago a la vista de todos, sino en lo que hago cuando nadie más que Dios me observa. Las acciones públicas pueden ser fácilmente disfrazadas con una apariencia de piedad, pero lo que hacemos en privado revela la verdadera naturaleza de nuestra fe. Él tenía razón, y el principio es correcto, pero desafortunadamente no lo vivía. Esta persona, que alguna vez fue un modelo a seguir para mí, ahora está en la cárcel, condenada por abuso sexual y violaciones.

Estos episodios me hicieron reflexionar muchísimo y también me ayudaron como un recordatorio sobre la importancia de buscar coherencia entre nuestra fe y nuestras acciones diarias, especialmente en nuestras relaciones más cercanas.

Vínculos Inmutables vs. Lazos Elegidos

Explorando la profundidad de las relaciones familiares y sociales, encontramos que en nuestras vidas, las relaciones personales son tan distintas entre sí, como cruciales. Entre ellas, las relaciones familiares con nuestros padres o hermanos, las cuales poseen un carácter único. A menudo las percibimos como inmutables; nadie diría, por ejemplo, "me encontré con mi ex papá" o "anoche vi a mi ex hermana". Estos lazos de consanguineidad, aunque parezcan permanentes, no están exentos de desafíos. La falta de atención y cuidado puede conducir a un divorcio emocional, como lo mencionaba Sixto en una de sus conferencias, (las memorizaba al editar los videos) a pesar de la permanencia del vínculo biológico. Por lo tanto, es esencial cultivar estas relaciones con amor y dedicación, para mantener una conexión emocional saludable.

Sin embargo, esto no implica que debamos someternos a relaciones familiares dañinas o tóxicas. La Biblia misma aboga por la paz y el bienestar emocional, incluso en el ámbito familiar. En *1 Corintios 7:15* Pablo aconseja: *"Pero si el incrédulo se separa, sepárese; pues no está el hermano o la hermana sujeto a servidumbre en semejante caso, sino que a paz nos llamó Dios."* Si este principio fue escrito a los cónyuges, quienes tienen el vínculo afectivo más fuerte al convertirse en una sola carne, imagina cómo puede aplicarse a relaciones afectivas menos intensas. Esta enseñanza puede aplicarse a las relaciones familiares donde la toxicidad y el egoísmo prevalecen. Es vital reconocer que el mantenimiento de la paz y la salvaguarda de nuestro bienestar emocional son prioridades que, en ciertas circunstancias, pueden requerir establecer límites claros, incluso con familiares.

El reconocido psicólogo clínico Jordan Peterson dice: "Debes ser capaz de decir "no" a tu familia, si ellos te piden algo que te compromete a ti mismo". La cita de Peterson sobre la importancia de decir "no" a la familia cuando demandan de ti algo que compromete tu integridad personal se alinea con un concepto bíblico profundo. Jesús mencionó en el Nuevo Testamento que *"Él no vino a traer paz, sino división"* en el sentido de que su mensaje y seguimiento podrían causar conflictos incluso en el núcleo familiar *(Lucas 12:51-53)*. Esta enseñanza enfatiza la importancia de priorizar la relación personal con Dios por encima de las relaciones familiares, especialmente cuando estas últimas entran en conflicto con los valores y mandamientos divinos.

Cultivar relaciones saludables y armónicas es fundamental, pero también lo es reconocer cuándo una relación se vuelve perjudicial para nuestro crecimiento y paz interior. En tales situaciones, es prudente y necesario establecer límites y buscar entornos que nutran nuestra tranquilidad y bienestar. La sabiduría bíblica nos guía a buscar un equilibrio entre el amor incondicional y el cuidado de nuestra propia salud emocional y espiritual.

Por otro lado, nuestras relaciones de pareja o amistades, que se basan más en la elección mutua que en lazos sanguíneos, son como delicadas plantas que requieren un cuidado constante. En el pequeño patio de nuestra casa, colocamos unas macetas con plantas comestibles para condimentar nuestros alimentos. A mi esposa le encantaba la idea de tener su propia mini huerta a pocos pasos de la cocina, con orégano, albahaca, menta y otras hierbas exquisitas. Sin embargo, pronto nos dimos cuenta de que mantener esta huerta requería más esfuerzo del que imaginábamos, incluso más que cuidar una mascota. El riego debía ser adecuado, pero no excesivo, y teníamos que mover las macetas para que algunas plantas recibieran luz solar directa, pero no en exceso. Un simple descuido de un día fue suficiente para que las plantas empezaran a decaer en su aspecto y, eventualmente, murieran. Fue un desafío revelador. Esta experiencia ejemplifica perfectamente el esfuerzo y la dedicación que requieren los vínculos elegidos, aquellos que no están determinados por la consanguineidad. Estos lazos, aunque pueden ser profundamente gratificantes, también son más susceptibles a la fragilidad y al cambio. La falta de esfuerzo, o mucho esfuerzo, así como la presencia de conflictos, pueden afectar estas relaciones profundamente y con facilidad, haciéndolas más propensas a disolverse y a menudo resultando en la triste denominación de "ex pareja" o "ex amigo".

En este punto, consideremos una dimensión diferente de las relaciones de amistad. A como existen lazos de amistad que requieren el mismo cuidado de las plantas en nuestro fallido intento de huerta. Existe otro tipo de amigo que también puede embellecer el entorno de nuestro espacio vital de las relaciones personales. Y esta enseñanza la escuché en un video de un cantante de música urbana, o sea, Dios a veces en Su humor divino, envía sabiduría a través de quienes menos lo esperamos. Al igual que los cactus en un jardín, que se destacan por su resistencia y baja demanda de cuidados, hay amistades que poseen una naturaleza similar. Estos son los amigos "cactus", aquellos que no necesitan una atención constante o un cuidado intensivo para mantenerse firmes y robustos. A pesar de la falta de interacción regular, estos amigos están siempre ahí, sin mucho drama, firmes, siempre esperándonos.

Es interesante cómo la naturaleza de un cactus, que sobrevive y florece con poca agua y en condiciones áridas, se puede comparar con esas amistades que resisten la prueba del tiempo y la distancia. Son amigos que no requieren un esfuerzo intencional y continuo de cuidado, pero el lazo que compartimos con ellos es profundo y significativo, casi tan fuerte como los lazos de sangre.

Este tipo de amistades son valiosas porque demuestran que la cercanía y el cariño no siempre se miden en términos de frecuencia de contacto o interacciones diarias. En la vida de un emprendedor como yo, que a menudo está llena de ocupaciones y responsabilidades cambiantes, estos amigos "cactus" ofrecen una forma de conexión emocional que es tanto práctica como reconfortante.

Reconocer y valorar estos lazos únicos es esencial. Nos recuerdan que la amistad puede tomar muchas formas, todas igualmente importantes en el entrelazado tejido de nuestras relaciones interpersonales.

El Dolor de la Deslealtad:

Encontrando Paz en las Pruebas de Fidelidad

Si hay algo que realmente me golpea el alma, es la deslealtad en las relaciones. Muchas veces me he encontrado sumergido en un mar de lágrimas en casa, debido a personas que creí amigos, pero que luego se fueron sin mayor explicación, me traicionaron en situaciones muy complejas o se alinearon con quienes me habían herido profundamente. Recuerdo vívidamente una ocasión con una pareja de amigos que en su momento era muy cercana, quienes, con una mezcla de cortesía (para ellos) y descaro (para mí), me consultaron si me molestaría que fueran a cenar con alguien que me había estafado y con quien había tenido muchas desavenencias. En ese momento, lo percibí como un acto de desfachatez, pero les respondí que no podía controlar con quién ellos decidían entablar amistades y les expliqué claramente la situación con esa persona, esperando que el sentido común les alertara. Sin embargo, sucedió lo contrario; nuestra relación se deterioró y su cena se convirtió en una amistad que creció con el tiempo. Eso me dolió profundamente, pero ahora, sumergido en las aguas profundas de la Biblia, mi perspectiva ha cambiado radicalmente.

La Palabra de Dios, en *2 Corintios 6:14*, nos habla sobre el yugo desigual con los incrédulos. Anteriormente, en *1 Corintios 6:7*, se nos plantea una interrogante desafiante: ¿Por qué no sufrir mejor el agravio y ser defraudados? Esta sabiduría bíblica sugiere que, a menudo, aquellos más cercanos a nosotros podrían ser los primeros en causarnos dolor y hacernos sentir defraudados. Al comprender que Dios permite estas situaciones de deslealtad, similares a las enfrentadas por David, como estudiamos en el capítulo 1, y a las que enfrentó Cristo, he encontrado una profunda liberación en mi desierto emocional.

Reflexionemos sobre Jesús en Su momento más sombrío: traicionado por Judas, negado por Pedro y abandonado por los demás. Pero no solo ellos, sino también la multitud a la que había sanado y enseñado. A menudo, erróneamente creemos que aquellos que presenciaron de primera mano la gloria de Jesús, estaban ausentes el día de Su juicio, y que quienes gritaron a favor de Barrabás en la plaza eran meros seguidores de este rebelde. Sin embargo, no fue así. Los mismos que habían sido testigos de sus milagros, que comieron de los panes y los peces, que escucharon sus enseñanzas y vieron a Lázaro resucitar, optaron por Barrabás en un momento de agitación. Esta elección colectiva refleja la naturaleza humana en su aspecto más doloroso y real. Ahora entiendo por qué Dios permitió que fueran estas mismas personas las que pidieran la libertad de Barrabás. Porque, en el fondo, nosotros somos ellos. En el mundo actual, donde figuras políticas, culturales, ideológicas y hasta religiosas nos enfrentan a elecciones difíciles, a menudo gritamos 'Barrabás, Barrabás', sin reparo alguno, traicionando al que siempre ha permanecido fiel.

Entender que Jesús sufrió esta traición a gran escala me ha llevado a reflexionar sobre mis propias heridas de deslealtad. La Biblia me conforta diciendo: *"Considerad a aquel que sufrió tal contradicción de pecadores contra sí mismo, para que vuestro ánimo no se canse hasta desmayar".* **Hebreos 12:3**

Este pasaje me ha enseñado a ver el dolor desde un nuevo lente, uno que me conecta con los sufrimientos de Cristo de una manera única y transformadora. Esta revelación me ha devuelto la paz y el deseo de abrazar sinceramente a aquellos que, sin saberlo, fueron usados por Dios en mi viaje espiritual.

Quisiera ilustrar con una breve historia este pasaje tan profundo. Imaginemos uno de esos puentes que existen en países más avanzados, que se levantan para que los barcos de mayor altura puedan pasar. Esta vez es un cruce levadizo para trenes. Cada vez que pasa el tren el puente debe estar abajo, y cuando pasa un barco, se debe avisar al tren para que se detenga algunos kilómetros antes, pues el puente está elevado. Seguramente en estos tiempos todo se puede controlar por medio de la tecnología, pero vayamos unos años atrás en donde se necesitaría un maquinista para que, por medio de una palanca, hiciera subir el puente.

Este maquinista, un día llevó a su hijo al trabajo, y el niño travieso, salió de la vista del operador. Este, muy angustiado, comenzó a buscar a su hijo sin darse cuenta de que, jugando al escondite, había levantado la tapa de madera que protegía el sistema de engranajes que movía las palancas gigantes que hacían que el puente subiera y bajara. Desesperado, intenta salvar a su hijo, pero se da cuenta que le quedan solo 5 segundos para bajar el puente ya que, por la distracción de buscar a su hijo, no avisó al tren que se detuviera y ya es demasiado tarde. Tiene solamente esos pocos segundos para tomar una decisión en la que escogería, salvar a su hijo o salvar a cientos de personas que van en el tren. Con un dolor inexplicable, decide halar la palanca y cerrar la puerta de madera para atenuar el sonido de los gritos de su hijo siendo extirpado por el metal de los incompasivos engranajes, con la mirada perdida y el semblante destrozado, sale caminando arrastrando los pies hacia el balcón de la pequeña torre de control, desde donde puede ver pasar el tren lleno de gente que acaba de salvar y ni se percataron. Él, desde lejos, los observa a través de las ventanas del tren y medita en que ninguno, nunca se dará cuenta del sacrificio que acaba de hacer por ellos, además, en medio de los pasajeros, uno se dirigía a la otra ciudad a serle infiel a su esposa, otro que iba de pie, acababa de sacar del bolso de una anciana, su cartera; otro iba leyendo el segmento de astrología del periódico, esperando que la suerte y las estrellas le dieran un día de éxito en el trabajo y en el amor. Todos ellos fueron salvados por el operador del puente, y ninguno sacó su cabeza por la ventana para agradecerle. Pues déjame decirte que, mucho más que eso, fue el dolor que experimentó El Padre al ver a Su Hijo sufrir tal contradicción de pecadores contra sí mismo.

Este relato nos muestra el amor maduro que fluye del corazón de Dios, un amor que va más allá de las palabras y se manifiesta en actos reales de sacrificio y amor. Nos recuerda que a pesar de las traiciones y el dolor, estamos llamados a amar como Cristo nos amó, incluso en la más cruda deslealtad.

La Falta de Empatía No Necesariamente es Apatía

La capacidad de mi esposa para mantener relaciones a lo largo del tiempo es realmente admirable. Ella tiene una habilidad innata para mantener conexiones constantes con sus amigos de la infancia, del colegio, de la universidad y hasta con compañeros y jefes de trabajos anteriores. Con frecuencia, la buscan para organizar reuniones y a ella realmente le encanta y le sale de forma natural. En mi caso, soy todo lo contrario. He experimentado traiciones profundas y deslealtad en algunas relaciones cercanas a las que había dedicado mucho tiempo y esfuerzo, lo que ha generado en mí una especie de barrera, como un mecanismo de defensa.

Sin embargo, intento, con la guía del Espíritu Santo, trabajar en ello día a día para poder abrirme más hacia los amigos que quiero mantener cerca, aunque sean pocos. Recuerdo constantemente el principio bíblico que me exhorta diciendo: *"Así que, por cierto es ya una falta en vosotros que tengáis pleitos entre vosotros mismos. ¿Por qué no sufrís más bien el agravio? ¿Por qué no sufrís más bien el ser defraudados?" **1 Corintios 6:7**.* Este pasaje me recuerda la importancia de la paciencia y la comprensión en las relaciones, incluso cuando enfrento situaciones de conflicto o decepción.

Es en el esfuerzo que invertimos en comprender, comunicarnos y conectar con los demás donde realmente florecen los vínculos significativos. En última instancia, la calidad y la profundidad de nuestras relaciones reflejan el esfuerzo y el amor que estamos dispuestos a poner en ellas.

Si le reclamas a un amigo abandono, como normalmente solemos hacer, pregúntate a ti mismo, ¿has sido lo suficiente amigo como para reclamarle algo al otro? Pues recuerda: *"El hombre que tiene amigos* **ha de mostrarse amigo***; Y amigo hay más unido que un hermano".* **Proverbios 18:24**

Pero también reflexiona y aprende a diferenciar entre tus amigos, cuál es planta y cuál es cactus.

Hablo para mí. Señor, ¡cuánto debo mejorar!

Enfrentando la culpa ansiosa del divorcio.

En párrafos anteriores, he hablado del divorcio emocional, a menudo más doloroso que el físico. Originalmente, había decidido no abordar este tema para mantener el enfoque del devocional en principios bíblicos generales aplicables a todas las relaciones. Sin embargo, reflexioné y decidí incluirlo, consciente de que, aunque muchos lectores no estén casados, los principios discutidos podrían ser de gran utilidad para aquellos que algún día podrían enfrentar situaciones similares, o simplemente para entender mejor a quienes ya hemos pasado por esta experiencia dolorosa que produce tanta ansiedad.

Estoy casado por segunda vez y mi hijo Gabriel es el resultado de mi primer matrimonio. Una relación a la que me refiero constantemente como: "mi antigua administración". Una de las canciones más emblemáticas de mi banda lleva por título "Recuérdame", la cual compuse durante el proceso de divorcio para mitigar la ansiedad por la que estaba pasando y cuyo estribillo dice:

"Ahora que te has ido, nada más te pido,
recuérdame en los besos que, en nuestras noches de miel,
derramé en tu piel,
Y no por los fracasos, ni los malos ratos,
sino por el amor que entre tu vientre cultivé,
amor, recuérdame."

El amor que cultivé en su vientre, es decir, mi hijo Gabriel, es el legado más hermoso de aquella relación. Pero permíteme hablar un poco más sobre el fracaso matrimonial, ese que se masca entre besos prematuros y noches de miel anticipadas.

Frecuentemente me han preguntado en el pasado, cuál ha sido lo mejor y lo peor en mi vida. A lo mejor siempre respondí que el nacimiento de mi hijo. Sin embargo, ante la pregunta sobre lo peor, solía guardarme mi verdadera respuesta, diciendo algo trivial para esconder la verdad. Pero, para ser sincero, lo que realmente me venía a la mente era: su madre. Puedes pensar que estas son palabras duras para que lea mi hijo, quien ya es un hombre maduro. Es por lo que, con vehemencia, necesito clarificar. Así como Gabriel fue lo mejor que me sucedió, su madre representó lo peor, no por ella, sino por mí, por eso le llamo, mi antigua administración. Ella fue lo peor que me sucedió porque estoy seguro, hoy que lo veo a la luz del espejo de La Palabra de Dios que, yo fui lo peor que le sucedió a ella, lo que inevitablemente nos condujo al divorcio. No hay nada más destructivo que comenzar una relación por las razones equivocadas, y la más equivocada de todas las razones de los divorcios en general es casarse "porque me gusta".

La Biblia ofrece una visión muy clara sobre las consecuencias de decisiones impulsivas en las relaciones, tal como se ve en el libro de Jueces. En este libro, Sansón desoye los consejos de sus padres y se deja llevar únicamente por su atracción hacia Dalila. Esta historia es un claro ejemplo de cómo seguir meramente nuestros instintos, sin considerar consejos sabios o las implicaciones a largo plazo, puede llevarnos a resultados desastrosos. Este relato no solo refleja las tensiones de un amor mal dirigido, sino también las graves repercusiones que pueden surgir al ignorar la prudencia y la sabiduría en nuestras elecciones personales.

*"Pero su padre y su madre se opusieron. —¿Acaso no hay una sola mujer de nuestra tribu o entre todas las israelitas con la que puedas casarte? —preguntaron—. ¿Por qué tienes que ir a los filisteos paganos a buscar una esposa? Sin embargo, Sansón le dijo a su padre: —¡**Conksíguemela**! A mí me gusta ella."* **Jueces 14:3**

John MacArthur, en su libro "Doce Héroes Inconcebibles: Sansón", ofrece una análisis profundo sobre cómo las decisiones guiadas por deseos personales y emocionales pueden llevar a consecuencias catastróficas, tanto en el matrimonio como en la vida en general. MacArthur se centra en la vida de Sansón, destacando su desobediencia a Dios y su debilidad por las mujeres, que lo llevaron a situaciones peligrosas y finalmente a su propia destrucción.

El autor explora cómo Sansón sucumbió repetidamente a la tentación de su propia lujuria y deseos egoístas. Según MacArthur, la verdadera debilidad de Sansón no residía en su imponente fuerza física, sino en su falta de autocontrol y su propensión a ceder ante sus impulsos carnales y emocionales. Destaca que no fue el acto de Dalila de cortarle el cabello lo que causó la pérdida de la fuerza de Sansón, sino que fue la retirada de la bendición de Dios debido a su desprecio por el don divino y su continua desobediencia.

La historia de Sansón, sirve como un recordatorio crucial de que la verdadera fortaleza radica en la sabiduría y la obediencia a Dios, y no simplemente en la habilidad de confiar en nuestras propias fuerzas o deseos. Es una lección sobre la importancia del autocontrol y de seguir principios divinos en lugar de impulsos momentáneos.

Ahora que hemos entendido las profundas lecciones que encierra su historia, quizás quieras volver a leer el relato bíblico de Sansón en el libro de Jueces, pero con esta nueva perspectiva. Al hacerlo, te encontrarás con principios de vida reveladores que van más allá de la narrativa de un hombre de extraordinaria fuerza física.

Esta reinterpretación te permitirá ver a Sansón no solo como un héroe trágico, sino también como un ejemplo de cómo las debilidades humanas, como la falta de autocontrol y la propensión a seguir los deseos personales por encima de la sabiduría divina, pueden tener impactos devastadores. Revisar esta historia con un enfoque en las consecuencias de sus elecciones personales y la importancia de la obediencia a Dios, te va a ofrecer una comprensión más rica y matizada de lo que significa realmente la fortaleza y la debilidad.

Para profundizar en el hecho de que, de la misma manera que la madre de mi hijo fue "lo peor" que me pasó y yo para ella, y seguramente es lo que constantemente repites de tu ex, reflexionemos con el siguiente ejercicio: Imagina que estás buscando pareja y te pido que escribas en una hoja las características de tu persona ideal. Es probable que menciones cualidades como: amabilidad, respeto, que sea deportista, atractivo/a, humilde, que no sea celoso/a, seguro/a de sí mismo/a, con buen sentido del humor, estabilidad emocional, psicológica y financiera, de buena familia y que crea en Dios, en resumen, que sea "una buena persona". Ahora, si te pido que evalúes sinceramente si tú mismo posees esas características que buscas en otra persona, ¿qué responderías? Imagina que alguien que cumple con toda tu lista aparece frente a ti, ¿crees que se fijaría en ti? ¿Cumplirías tú con su lista de deseos?

Este relativismo emocional, basado en estructuras y premisas sociales que ofrecen una falsa sensación de seguridad, lleva a que, cuando estas características se cumplen en otra persona, nos conformemos con un simple "me gusta"; y peor aún, te encontrarás que la última característica de que "crea en Dios" no sirve de nada. *"Tú crees que Dios es uno; bien haces. También los demonios creen, y tiemblan"* **Santiago 2:19.**

Este confrontativo pasaje nos muestra que, de nada sirve simplemente creer en Dios, pues incluso los demonios creen y tiemblan. (nosotros ni nos despeinamos cuando decimos que creemos) La clave no está solo en creer en Dios, sino en creerle a Dios. Una diferencia que parece sutil, pero es radicalmente profunda. Si le crees a tu médico, es porque confías en él al haber mostrado evidencia convincente para tu diagnóstico. De igual manera, creerle a Dios implica seguir la guía que Él ofrece en Su palabra como evidencia absoluta de tu estado actual. Puede ser que tu mamá y tus amigos hablen maravillas de ti, pero, ¿ya consultaste para ver qué es lo que Dios piensa de ti de acuerdo a Su Palabra? Yo siempre pensé que era una buena persona, por eso merecía a una buena persona a mi lado, hasta que leí esto:

"No hay un solo justo, ni siquiera uno; no hay nadie que entienda, nadie que busque a Dios. Todos se han descarriado; juntos se han corrompido. No hay nadie que haga lo bueno; ¡no hay uno solo! **Romanos 3:11-12**

Si eso es lo que la Biblia dice que somos, entonces ¿qué clase de persona merecemos?

Este ejercicio revela un aspecto crucial de las relaciones: a menudo buscamos en otras personas lo que nos falta a nosotros mismos, o lo que no estamos dispuestos a desarrollar. Es fácil idealizar a una pareja con todas estas cualidades, pero el verdadero desafío es convertirnos en la persona que merece estar con alguien así. Reflexionar sobre esto puede ayudarnos a comprender mejor nuestros propios fracasos en relaciones pasadas y a mejorar nuestras expectativas y comportamientos en futuras interacciones, lo cual podría reducir significativamente la ansiedad.

Ahora, ¿podemos convertirnos en esa persona? La respuesta es no, a no ser de que otra persona perfecta sea quien se case con mi esposa, y ahí entra la figura de Cristo en mí, porque si fuera solo por mí, hasta mi actual esposa ya hubiera salido corriendo. Pero, de la misma manera en la que ella es el resultado de su profundo amor por Jesús, y no depende de mí para ser plena, yo igual, por eso estamos juntos disfrutando de ese amor y plenitud en lo individual y en pareja.

Porque al final, si somos seres espirituales habitando cuerpos físicos, ¿qué te hace pensar que el aspecto físico y las características de personalidad son suficientes para que una relación funcione? Claro que debe existir atracción, pero la característica principal debería ser: ¿Qué tan protegido y oculto está el corazón de la persona que busco en Cristo, de manera que, yo tenga primero que pasar por Él para alcanzar el corazón de esa persona? Pero cuando eso no existe en ninguno de los dos, el lazo se amarra solo con dos nudos en lugar de tres, y ese lazo lo desata cualquier abogado.

"Y si alguno prevaleciere contra uno, dos le resistirán; y cordón de tres dobleces no se rompe pronto" **Eclesiastés 4:12.**

Si buscas una pareja simplemente para satisfacer tu necesidad de compañía, el desenlace es inevitablemente problemático. De la misma manera, cuando Dios nos dice "No" a algo, no es porque quiera mostrarse como un padre sobreprotector y restrictivo que desea complicarnos la vida. Más bien, busca mostrarnos con el tiempo qué tipo de bendiciones podemos recibir a través de la obediencia, o qué consecuencias enfrentaremos si optamos por desobedecer.

La Biblia lo dice claramente: Dios es Dios porque no necesita consejo de nadie, como se pregunta en **Isaías 40:14,** *"¿A quién pidió consejo para ser avisado? ¿Quién le enseñó el camino del juicio, o le enseñó ciencia, o le mostró la senda de la prudencia?"*

Así que, si nos casamos simplemente porque alguien nos gustaba, ignorando todos los 'red flags' que Dios y otros nos mostraron, y desoyendo sus consejos, eso nos convierte en nuestros propios dioses. Es en este punto donde Dios nos propone hoy: Ya te diste cuenta de que como dios eres un fracaso, ¿por qué no me devuelves a mí la condición de Dios y tú asumes la posición que te corresponde, la de obedecer?

"Porque yo sé los pensamientos que tengo acerca de vosotros, dice Jehová, pensamientos de paz, y no de mal, para daros el fin que esperáis." **Jeremías 29:11**

Los divorcios se gestan durante el noviazgo

Quiero compartirte que, después de haberme divorciado y con mi hijo aún pequeño, conocí a quien hoy es mi esposa. Para entonces, apenas empezaba a gatear en los caminos de la fe; me había dado cuenta de que yo no necesitaba buscar a Dios porque Dios no estaba perdido, quien estaba perdido era yo, y necesitaba dejarme encontrar. Y cuando me encontró, no me soltó y fijó sus ojos sobre mí. Con el poco conocimiento bíblico que tenía en ese momento, y en mi euforia espiritual, sin entender completamente el porqué ni cuestionarlo, solo quería ser obediente. Si la Biblia decía que debíamos guardarnos hasta el matrimonio, eso quería hacer.

Recuerdo que un día, antes de un concierto con mi banda, mientras conversábamos antes de subir al escenario, surgió el tema de la intimidad. Uno de mis compañeros, en una conversación típicamente imprudente, preguntó si, durante el tiempo que había estado saliendo con Paula, habíamos llevado la relación al siguiente nivel. Avergonzado al recordar esa versión anterior de mí mismo, respondí con vehemencia y sin reparos: "NO, JAMÁS. Nos estamos guardando hasta que nos casemos." Mis compañeros de grupo se burlaron, lo cual entiendo, y uno de ellos argumentó: "Pero Luis Alonso, vos ya tenés un hijo, ¿de qué estás hablando, guardando qué o de qué?" Me quedé mudo, como un niño que aún no ha alcanzado la madurez espiritual, sin una respuesta teológica que ofrecer, solo alcancé a decir: "Chicos, no tengo idea de lo que Dios quiere decir con esto de guardarse para el matrimonio, solo sé que quiero obedecer para descubrirlo después". Ellos, respetuosos, aceptaron mi respuesta y continuamos preparándonos para salir al escenario.

Hoy, después de 10 años de matrimonio, quiero compartir mi conclusión sobre por qué Dios nos pide guardar la intimidad para después del matrimonio. Esto no tiene tanto que ver con la teología; más bien, es sobre la practicidad y el pragmatismo divino que nunca había tenido tanto sentido en nuestra vida matrimonial cotidiana. Los teólogos y los expertos quizás no estén de acuerdo conmigo, pero esta es la enseñanza que Dios construyó en el corazón de nuestro matrimonio.

Mi esposa y yo aprendimos que cuando una pareja se enfoca en sus impulsos sexuales durante el noviazgo, ese deseo es casi incontenible y difícil de frenar, llevando a una relación apasionada y carnal. ¿Qué sucede entonces? Mientras estás distraído en esos impulsos, nunca logras ver realmente a tu pareja en todas las otras circunstancias cotidianas de la vida. No notas cómo es realmente cuando está triste, cómo trata a sus amigos, familiares, compañeros de trabajo o cómo maneja su emprendimiento porque la intimidad física siempre parece lo más importante.

Nunca llegas a ver realmente cómo tu pareja maneja la angustia, la adversidad, el miedo o la ansiedad; siempre hay un distractor sexual muy eficiente que parece solucionarlo todo. En el noviazgo, puede que las peleas sean frecuentes, pero cada escapada romántica post-conflicto, sin que ambos se den cuenta, los convierte en adictos a la "reconciliación". Esta dinámica tóxica de constantes rupturas y rencuentros se vuelve una parte fundamental de la relación.

Sin embargo, después del matrimonio, cuando el fervor sexual comienza a decaer, especialmente con la llegada de los hijos, te enfrentas a una realidad ineludible. Lo que queda a flote es la esencia de la persona con la que desesperadamente tratas de mantener tu relación a flote. Descubres que las bases sobre las cuales construiste tu compromiso no son suficientes para sostenerlo. Ahora ves claramente todo aquello a lo que nunca le prestaste atención durante el noviazgo, y comprendes que las soluciones temporales no pueden resolver problemas fundamentales. Ahora te das cuenta de sus ruidos y te molesta que choque la cuchara contra sus dientes cuando come.

Y ahora, cuando la dinámica cambia y el "nos llevamos muy bien en la cama" ya no es el motor de la relación, puedes sentir como si te hubieran cambiado a tu pareja. Pero la realidad es que tu pareja siempre fue así, solo que no lo notaste. Por eso creo que los divorcios se gestan durante el noviazgo, porque mientras Dios tenía un plan para tu vida para desarrollar un carácter digno de la persona que tenía para ti, tú te adelantaste al plan simplemente por la razón Sansonezca de: "Me gusta".

Hoy, diez años después, tengo la oportunidad de ver a mi esposa ser la mujer maravillosa que es, brillando en todos los aspectos y entornos de nuestra vida cotidiana. Vamos creciendo juntos y puedo dar gracias a Dios por habernos pedido que nos guardáramos, aunque en aquel momento no lo entendíamos y nos costaba, dado que la atracción física entre nosotros era intensa. Nos guardamos, aprendimos a conocernos como amigos, observamos juntos nuestros desafíos y vulnerabilidades individuales y ahora, podemos decir con certeza, que no nos vendieron gato por liebre. Sabíamos a lo que íbamos y firmamos ese pacto. Este tiempo nos permitió descubrir y apreciar la verdadera esencia el uno del otro, estableciendo una base sólida para nuestro matrimonio que trasciende lo superficial.

Mi primer matrimonio fue el resultado de dos personas tomando decisiones sin una verdadera orientación divina, aunque externamente afirmábamos poner todo "en las manos de Dios" como una muletilla religiosa. Después del divorcio, y con un hijo de por medio, la culpa y ansiedad religiosa nos carcomía día tras día, especialmente porque se nos recordaba constantemente el versículo: "Lo que Dios unió, que no lo separe el hombre". Sin embargo, es el versículo posterior el que quiero enfatizar hoy para aliviar la culpa que puede generar tanta ansiedad a quienes han pasado por un divorcio.

En primer lugar, el divorcio debe ser la última opción, pero también debemos reconocer que en las relaciones, así como en cualquier otro ámbito de la vida, es necesario establecer límites. Jesús mismo indicó que no deberíamos permitir que una relación destruya la dignidad de las personas involucradas. Piensa en la dignidad como "un lugar": si alguien te desplaza de ese lugar, has perdido tu dignidad. Si deseas vivir en el lugar que Cristo y Su palabra señalan y tu pareja te desplaza de ese lugar, considera las consecuencias.

Recuerdo una canción de Luis Alfredo Díaz, para quien fui pianista en Barcelona hace algunos años, que decía: "Amar es darlo todo y darse uno mismo". La gran responsabilidad del amor es darse uno mismo, no esperar que el otro cumpla todos nuestros caprichos, lo cual es imposible. La mejor definición de amar es morir. Nada se asemeja más al acto de amor más grande que Jesús realizó por nosotros. Vamos a llevar este concepto de la cruz al matrimonio: si no estás dispuesto a sacrificarte por el otro, como por ejemplo, no dormir para que el otro descanse, o no comer para que el otro se alimente, entonces no te cases. Debes reflexionar seriamente si deseas servir a tu cónyuge o servirte de él o ella. Aquí radica la diferencia entre un contrato y un pacto. Mientras que un contrato establece límites y protecciones entre las partes, un pacto busca a través del amor sacrificial beneficiar al otro.

En situaciones donde los juramentos matrimoniales no se hacen con el mismo nivel de compromiso, la palabra de Dios es clara al llamarnos a vivir en paz. Quiero enfatizar el pasaje que mencioné antes: *"Pero si el incrédulo se separa, sepárese, pues no está el hermano o la hermana sujetos a servidumbre en semejante caso, sino que a paz nos llamó Dios"* **1 Corintios 7:15**. Este versículo ofrece un consuelo y una guía en situaciones de matrimonios desiguales, recordándonos que la paz de Dios debe ser nuestra prioridad.

Cuando una de las partes ha hecho un pacto genuino y la otra simplemente ha firmado un contrato, es esencial que la parte comprometida no renuncie a "su lugar", es decir, no debe sacrificar su dignidad por satisfacer los caprichos de quien actúa como un incrédulo y reduce el pacto a una mera transacción contractual. La dignidad en una relación no debe ser negociable; es fundamental que cada persona se mantenga firme y no se desplace de ese lugar de respeto mutuo y compromiso sincero. Si uno se ve forzado a ceder su dignidad, entonces la esencia del pacto se pierde.

En *Mateo 19:9*, Jesús claramente hace una excepción para el caso de infidelidad sexual: *"Y les digo lo siguiente: el que se divorcia de su esposa y se casa con otra comete adulterio, **a menos que la esposa le haya sido infiel**"*. Otra traducción expresa: *"Y yo os digo que cualquiera que repudia a su mujer, **salvo por causa de fornicación**, y se casa con otra, adultera; y el que se casa con la repudiada, adultera"*. Jesús no quiere que nadie sea removido de su lugar en Cristo —un lugar de dignidad— por actos de infidelidad. Aquí, Jesús indica que un divorcio bajo estas circunstancias no constituye adulterio. Es imperativo ponerle atención a la salvedad.

Si te encuentras en esta situación y lo has llevado en oración ante Jesucristo, tu abogado ante el Padre, puedes hallar alivio. La escritura es clara: *"Hijitos míos, estas cosas os escribo para que no pequéis; y si alguno hubiere pecado, abogado tenemos para con el Padre, a Jesucristo el justo" **1 Juan 2:1**.* Si has pasado por un divorcio, no permitas que la culpa y la falta de conocimiento bíblico te sometan a una ansiedad innecesaria. Si las causas están justificadas bíblicamente, permite que la Palabra de Dios te devuelva la certeza de que en Él puedes encontrar perdón y reconciliación. Además, aprovecha para hacer un autoexamen de tus responsabilidades y, con los principios correctos, busca reconstruir tu vida con esperanza y con la mirada puesta en Quien ya pagó por tus errores.

Por otro lado, si tu matrimonio aún tiene un resquicio de vida y estás contemplando el divorcio, busca primero restaurar tu relación personal con Dios. Arrepiéntete sinceramente de lo que creías que eran simples errores, pero que la Biblia llama pecados, y hazlo sin intentar justificarte, pues a Dios no lo convencerás con excusas. Asume tu responsabilidad, pide perdón y deja que Dios obre tanto en ti como en tu cónyuge. Si tienes el deseo de restaurar tu matrimonio y eliminar la ansiedad conyugal, confía en que Dios puede revitalizar lo que parezca muerto. Pero recuerda, no le pidas a Dios que restaure tu matrimonio, porque Él ya te dio a Su hijo Jesús, en quien se encuentra **la restauración** completa. No pidas paciencia, abraza a Jesús, quien es **la paciencia**; no pidas paz, Jesús es **la paz**; no busques un camino, Jesús es **el camino**. No solicites más vida para tu matrimonio, Jesús es **la vida**. En Él, por Él y para Él somos. Abrázate a Él, quien es la suficiencia de todo.

Conozco casos de muchas personas que, al permitir que Dios

cambiara aspectos de su vida que ni siquiera consideraban incorrectos —simplemente porque nunca los habían examinado bajo la lupa bíblica—, experimentaron transformaciones notables. Estos cambios en su comportamiento hacia sus cónyuges provocaron respuestas tan positivas que no solo se restauraron matrimonios, sino que también despertaron la curiosidad de la pareja. Movidos por el deseo de entender la causa de tal cambio, estos cónyuges terminaron inevitablemente acercándose a Dios también.

Este fenómeno refleja lo que se aconseja en *1 Pedro 3*, donde se habla de la influencia que puede tener un comportamiento piadoso y respetuoso dentro del matrimonio. El texto sugiere que incluso sin palabras, un cónyuge puede ser ganado para la fe observando la conducta pura y respetuosa de su pareja:

"De igual manera, mujeres, estén sujetas a sus propios maridos, para que si algunos no obedecen a la palabra, sean ganados sin palabra por la conducta de sus mujeres, al considerar vuestra conducta casta y respetuosa" 1 Pedro 3:1-2.

Este pasaje no solo es relevante para las mujeres, sino que es un principio que se puede aplicar a todos en un matrimonio. La idea es que vivir según los principios bíblicos y permitir que Dios transforme nuestras vidas puede llevar no solo a una mejora personal sino también a un impacto significativo en nuestras relaciones más cercanas. Así, un cambio genuino y guiado por Dios en uno, puede fomentar un interés sincero en la fe por parte del otro, demostrando que las transformaciones internas pueden tener efectos poderosos y extensivos, evitando el doloroso proceso de ansiedad que causa un divorcio.

En conclusión, a la luz de la Palabra de Dios y reconociendo Su soberanía absoluta sobre mi vida, mi primer matrimonio no fue lo peor que me pasó. De manera similar a cómo el pueblo de Israel vagó en desobediencia por el desierto durante 40 años por su desconfianza, siendo que la distancia caminando entre Egipto e Israel es solo de 11 días, yo también tomé un camino más largo debido a mis propias fallas. No obstante, en Su fidelidad y a pesar de mi infidelidad, Dios no retuvo la bendición de mostrarme la tierra prometida en mi esposa actual.

Al igual que Sansón, cuya vida terminó en un acto que cumplió el plan de Dios, mis errores y el dolor experimentado no fueron en vano. Dios utilizó estas circunstancias no solo para enseñarme y guiarme, sino también para prepararme y mostrarme una nueva bendición. Aunque Sansón falló muchas veces, su historia no concluyó sin la redención final de sus actos, que glorificaron a Dios en sus últimos momentos. De manera similar, lo que parecía ser el final de mi felicidad matrimonial solo era parte de un plan divino más amplio que eventualmente me llevó a una vida compartida con mi esposa tiempo después, y que hoy permanece bajo las alas de Su gracia, donde he encontrado amor verdadero y una relación que refleja los principios divinos de una manera práctica, que podamos mostrar como un ejemplo real en la vida de nuestros hijos.

La historia de Sansón no nos enseña cómo vivir, sino cómo debemos morir para glorificar el nombre de Dios en el último suspiro de esa antigua vida. Solo así, a través de un nuevo nacimiento, podemos superar nuestras faltas pasadas. Si no hubiera enterrado al viejo Luis Alonso —al desobediente, al impulsivo emocional y carnal, al que buscaba aplausos y alimentaba su ego—, clavándolo junto a Cristo en la cruz, jamás hubiera resucitado a la bendición de una vida matrimonial digna, honrosa y plena. A pesar de que seguimos enfrentando desafíos como pareja, hoy comprendemos que el problema no es ella, ni soy yo; el problema es el problema, y lo resolvemos juntos.

Ejercicio de Reflexión Consciente

Tomémonos un momento para reflexionar sobre situaciones recientes en nuestras relaciones en las que hemos experimentado ansiedad o conflicto. Consideremos las siguientes preguntas:

- ¿Cómo podemos aplicar los principios de paciencia, escucha activa, espejo, perdón y empatía en estos casos?
- Si tuviéramos la oportunidad de retroceder en el tiempo, ¿qué acciones habríamos tomado de manera diferente?
- ¿Qué pasos podemos dar hacia adelante para fomentar relaciones más saludables y armoniosas?
- ¿Cómo podemos practicar la humildad y la gracia en nuestras interacciones con los demás, especialmente en momentos de desacuerdo o malentendido?
- ¿Existen patrones o desencadenantes en nuestras relaciones que necesitamos abordar o cambiar para promover una mayor comprensión y reconciliación?
- Si hemos experimentado culpa y ansiedad debido a un divorcio, ¿somos lo suficientemente honestos para someter nuestras responsabilidades a escrutinio y permitir que Dios sane nuestras heridas?
- En momentos de reflexión sobre nuestro pasado matrimonial, ¿podemos identificar cómo nuestras propias acciones o inacciones contribuyeron al resultado? ¿Estamos dispuestos a aceptar esas verdades y buscar el perdón y la guía de Dios para aprender de ellas y no repetir esos errores en el futuro?
- Al considerar el impacto de nuestro divorcio en otros, especialmente si hay niños involucrados, ¿hemos buscado maneras de explicarles la situación con amor y honestidad, asegurándonos de que también reciban

el apoyo y la sanación que necesitan? ¿Hemos pedido la sabiduría de Dios para guiar estas conversaciones de manera que promuevan la paz y la comprensión en lugar del resentimiento?

Busquemos orientación del Espíritu Santo para atravesar estos momentos y encontrar paz, recordando la misericordia que Dios nos ha mostrado cuando hemos fallado en nuestra relación con Él.

Bien Hecho

La Biblia nos enseña en *1 Corintios 11:31* que *"si nos examináramos a nosotros mismos, no seríamos juzgados"*. Ahora que hemos reflexionado conscientemente sobre nuestras relaciones y cómo podemos mejorarlas, estamos listos para orar y prepararnos espiritualmente. La próxima vez que enfrentemos un desafío similar, y si nos hemos mantenido en comunión diaria con Dios a través de Su Palabra, tendremos las herramientas espirituales para actuar de acuerdo con lo que Él espera de nosotros.

» Oración

Padre Celestial,

Tú que nos enseñas a soportarnos y perdonarnos unos a otros, te pido que me ayudes a llevar estos principios a mis relaciones personales. Que pueda mirar a mis seres queridos, amigos y hasta a aquellos con quienes tengo desacuerdos, con ojos llenos de amor y comprensión, tal como Tú me miras a mí.

Señor, en los desafíos de mis relaciones cercanas, guíame a ser paciente, a escuchar activamente y a no dejarme llevar por el enojo. Ayúdame a expresar mis sentimientos de manera constructiva y buscar siempre la reconciliación y la paz.

Señor, enséñame a ver en los demás un espejo de mí mismo, como una oportunidad para crecer espiritualmente y acercarme más a la imagen de Cristo. Que pueda desarrollar empatía y comprensión, reconociendo nuestras luchas comunes y buscando siempre Tu guía en la comunicación y la oración. Y que, cuando los demás me vean a mí, vean un reflejo de ti.

Padre, en las relaciones familiares y de amistad, ayúdame a encontrar el equilibrio entre el amor incondicional y el cuidado de mi propia salud emocional y espiritual. Guíame para establecer límites sanos cuando sea necesario.

Te pido también sabiduría para cultivar mis relaciones con esfuerzo y amor, reflejando siempre Tu carácter en mis palabras y acciones. Que pueda ser un verdadero amigo.

Señor, mientras reflexiono conscientemente sobre mis relaciones y cómo mejorarlas, pido que el Espíritu Santo me guíe para resolver los momentos de conflicto y encontrar paz en medio de la ansiedad que esto me provoca.

Todo esto te lo agradezco y te lo pido en nombre de Jesús, Amén.

» Meditación Final para Dormir

"Por sobre todas las cosas guardadas, guarda tu corazón; porque de él mana la vida." **Proverbios 4:23**

Al finalizar nuestra reflexión de hoy, te aliento a que crees un entorno tranquilo para tu descanso. Desconecta de la tecnología y rodea tu mente de silencio y paz. Deja que los pensamientos de esta noche sean los últimos antes de dormir, entregando tus preocupaciones al Señor para un descanso restaurador. ¿Te imaginas un sueño sin depender de fármacos? Encuentra en la presencia de Dios la paz que calma y renueva, tu melatonina para el alma, *"En paz me acostaré, y así mismo dormiré; porque solo tú, Jehová, me haces vivir confiado."* **Salmo 4:8**

Que tengas una noche de descanso profundo, en la gracia y el amor de Dios.

CAPÍTULO 3
MANEJANDO LA ANSIEDAD
EN EL TRABAJO

¿Qué dice la Palabra de Dios?

"Y todo lo que hagáis, hacedlo de corazón, como para el Señor y no para los hombres; sabiendo que del Señor recibiréis la recompensa de la herencia, porque a Cristo el Señor servís."

Colosenses 3:23

Reflexión

El lugar de trabajo a menudo nos presenta desafíos únicos, especialmente al tratar con superiores difíciles. Estos desafíos pueden convertirse en un terreno fértil para la ansiedad. Sin embargo, la Escritura nos brinda una perspectiva esencial que puede cambiar radicalmente nuestra actitud hacia estos retos.

Imagina encontrarte en una situación laboral donde tu jefe parece imposible de complacer. O no te la imagines (carita triste) es exactamente tu situación laboral actual. Cada proyecto, cada tarea, cada informe es recibido con críticas, nunca con elogios. Esta situación puede ser increíblemente desalentadora, llevando a muchos a cuestionar su valor y habilidades. Sin embargo, la Biblia nos ofrece una perspectiva transformadora que puede aliviar la ansiedad y cambiar nuestra actitud hacia el trabajo.

El versículo de inicio de este capítulo, nos anima a ver nuestro trabajo como un servicio a Dios, no solo a nuestros superiores humanos. Cuando cambiamos nuestro enfoque de tratar de complacer a un jefe difícil a trabajar para el Señor, comenzamos a encontrar un significado más profundo y satisfacción en nuestras labores diarias.

El autor y consultor de liderazgo Simon Sinek observa: "Los líderes no son responsables del trabajo. Son responsables de las personas responsables del trabajo." En un mundo cargado de jefes y con falta de líderes, podemos llegar a abrumarnos cuando nos topamos con superiores a quienes lo último que les interesa es quien hace el trabajo.

Trabajar con un jefe difícil puede ser una prueba de nuestra paciencia y humildad. Sin embargo, también es una oportunidad para crecer en la fe y desarrollar un carácter que refleje el fruto del Espíritu Santo en nosotros, como nos enseña Gálatas 5:22-23 "Mas el fruto del Espíritu es amor, gozo, paz, paciencia, benignidad, bondad, fe, mansedumbre, templanza; contra tales cosas no hay ley".

En lugar de ver a tu jefe difícil como un obstáculo para tu felicidad o éxito, intenta ver esta relación como una herramienta que Dios está utilizando para pulir y fortalecer tu carácter. En cada interacción, en cada tarea asignada, tienes la oportunidad de demostrar paciencia, diligencia y amor, cualidades que son agradables a Dios y beneficiosas para tu crecimiento personal y profesional. Con eso no me refiero al jefe que te está acosando, a ese debes de denunciarlo a las autoridades.

Recordar que trabajamos para el Señor nos permite enfrentar los desafíos laborales con una nueva perspectiva. Retomemos en este punto el concepto de los 7 espíritus que están delante de Dios, uno de ellos es el espíritu de poder. ¿Para qué nos sirve el espíritu de poder? Pues no filosofemos mucho al respecto, el espíritu de poder sirve para poder. Recuerda la última vez que clamando a Dios le decías: "Señor, es que siento que no puedo" pues Él sí puede, y no solo puede algunas cosas, Él lo puede todo. Y es precisamente cuando conocemos esta característica de Dios y entendemos que tiene a nuestra disposición Su espíritu de poder, Él escucha nuestro clamor en oración y lo envía a nuestro rescate, de manera que cuando necesitemos poder, estaremos empoderados por Su Espíritu para realizar nuestro trabajo con excelencia, independientemente de las circunstancias, y nos da la paz de saber que nuestro valor no está determinado por la opinión de un jefe, sino por nuestra fe y servicio a Dios, de quien, al final recibiremos la recompensa. Muchas veces los libros y gurús que se enfocan en la autoayuda nos invitan a confiar en nuestro propio poder, animándonos con frases como: ¡El poder está en ti, vamos, tú puedes! Y terminamos desilusionados cuando al final no pudimos, porque piénsalo, ¿se molestaría Dios en tener en Su persona del Espíritu Santo un espíritu de poder, si por nosotros mismos pudiéramos? Así que descansa y deja de autoflagelarte por no poder, pues el poder no proviene de tus propias fuerzas. Meditemos un poco más en eso.

Efesios 6:5-6 nos dice: *"Siervos, obedeced a vuestros amos terrenales con temor y temblor, con sinceridad de corazón, como a Cristo;*

no sirviendo al ojo, como los que quieren agradar a los hombres, sino como siervos de Cristo, haciendo de corazón la voluntad de Dios." Este pasaje nos exhorta a trabajar con integridad y dedicación, recordándonos que nuestro servicio es, en última instancia, para Cristo. Pero podrías decir: "Eso es imposible". Y tienes razón; tal vez es eso lo que te genera tanta ansiedad al respecto. Pero Dios ha considerado esto y ahí es donde viene el reposo, ya que, al conocer a Dios tal y como Él es, dejas de ignorar que nos da el espíritu de poder, para poder. El mismo espíritu que le dio las fuerzas a Sansón para poder, el mismo poder que le dio a Moisés a sus 80 años para hacer lo imposible, el de Josué y Gedeón, el de David cuando se enfrentó a Goliat, el de Esther, el de Elías en el monte Carmelo y el espíritu de Daniel frente a los leones. El mismo espíritu que le dio al apóstol Pablo para poder tirar a la basura todo lo que había aprendido, junto con todo su currículo, para dejar su religiosidad y poder seguir a Cristo con todo lo que eso implicó. Porque recuerda que: *"Lo que es imposible para los hombres, es posible para Dios". **Lucas 18:27.***

1 Pedro 2:18 complementa esta enseñanza: *"Criados, estad sujetos con todo respeto a vuestros amos; no solamente a los buenos y afables, sino también a los difíciles de soportar."* Aquí se nos recuerda que incluso aquellos jefes que son difíciles de soportar son usados por Dios para forjar nuestro carácter.

Otro de los retos más comunes en el entorno laboral es manejar las relaciones con compañeros que, motivados por la envidia, pueden hacer nuestro día a día particularmente difícil. Imagina enfrentarte a un colega que constantemente cuestiona tus decisiones, menosprecia tus logros o incluso propaga rumores negativos. Este tipo de comportamiento no solo desafía nuestra paciencia y resiliencia, sino que también puede desencadenar un estrés profundo y una ansiedad que repercuten en nuestra salud física y emocional.

La Biblia nos brinda una perspectiva esencial sobre cómo abordar los desafíos laborales. *"Si es posible, en cuanto dependa de vosotros, estad en paz con todos los hombres,"* **Romanos 12:18**, este pasaje nos insta a buscar la paz y la armonía, incluso en circunstancias difíciles. Esta enseñanza es especialmente relevante en el trabajo, donde la cooperación y el respeto mutuo son fundamentales para un ambiente saludable. Sin embargo, el versículo también nos recuerda que algunas situaciones pueden estar fuera de nuestro control. *"En cuanto dependa de vosotros"* sugiere que, a pesar de nuestros mejores esfuerzos, puede haber circunstancias que escapen a nuestra capacidad de manejo.

Podría ser que los chismes y malentendidos sembrados por un compañero envidioso en el corazón de tus colegas y superiores den sus frutos, resultando en tu despido o en la decisión de renunciar para preservar tu testimonio y conocer tus límites. En esos momentos, la frustración y el auto-cuestionamiento pueden surgir, llevándote a pensar que no te lo merecías. Sin embargo, es importante volver a abrazar la noción de que nada sucede por casualidad. Siguiendo el ejemplo de David, debemos reconocer que Dios permite situaciones difíciles en nuestras vidas, incluyendo jefes y compañeros desafiantes, como parte de Su soberanía absoluta y a menudo incomprensible.

Si Entendiéramos lo que Merecemos, Agradeceríamos lo que Tenemos.

El desafío radica en que nuestros currículos a menudo nos engañan haciéndonos creer que merecemos lo mejor. Pero, si nos examináramos a la luz de la Biblia, comprenderíamos lo que realmente merecemos y, a partir de ahí, podríamos sentir gratitud por lo que tenemos, por más modesto que nos parezca.

El experto en liderazgo John Maxwell observa que "la gente puede oír tu actitud antes de ver tu corazón". Es un recordatorio poderoso de que nuestra actitud hacia los demás, especialmente aquellos que nos desafían, habla mucho sobre nuestro carácter y nuestra madurez emocional. En situaciones de envidia o conflicto, es esencial mantener una actitud de humildad y apertura, buscando entender las motivaciones del otro y respondiendo con empatía y compasión. La frase se relaciona estrechamente con el principio bíblico que enfatiza la importancia de nuestras palabras y actitudes y cómo estas reflejan lo que hay en nuestro corazón. Un paralelo bíblico a esta idea se encuentra en **Lucas 6:45**, donde Jesús enseña: *"El hombre bueno, del buen tesoro de su corazón saca lo bueno; y el hombre malo, del mal tesoro de su corazón saca lo malo; porque de la abundancia del corazón habla la boca."*

El manejo efectivo del estrés en el trabajo requiere reconocer nuestras propias limitaciones y buscar apoyo cuando es necesario. A menudo, los consejos de algunos autores, aunque bien intencionados, pueden resultar abstractos y distantes de nuestra realidad cotidiana, generando más ansiedad que paz. Esto es precisamente lo que intentas evitar al leer este devocional. Por ejemplo, Stephen Covey, en su obra "Los 7 Hábitos de la Gente Altamente Efectiva", afirma: "Nuestra capacidad de manejar el estrés emocional puede determinar nuestro éxito o fracaso en el trabajo". Aunque esta idea suena profunda, puede ser tan abstracta como decirle a alguien sin conocimientos de matemáticas: "Tu habilidad para resolver problemas aritméticos determinará tu éxito en encontrar el resultado correcto de la ecuación". Para quien no sabe sumar, restar, multiplicar ni dividir, esa lógica carece de aplicación práctica. Son pocos los libros que, al margen del Evangelio, me han proporcionado un poder real para actuar. Y aquellos que lo han logrado, lo han hecho porque su enseñanza está completamente fundamentada en él, es decir, me redirigen al Evangelio.

"Porque no me avergüenzo del evangelio, porque es poder de Dios para salvación a todo aquel que cree". **Romanos 1:16**

La verdadera gestión del estrés emocional no reside en consejos abstractos, sino en una paz más profunda que el mundo no puede proporcionar. En momentos de alta tensión, es crucial buscar refugio en la Biblia, la única fuente verdadera de esa paz. Como Jesús dijo en ***Juan 14:27:*** *"La paz os dejo, mi paz os doy; yo no os la doy como el mundo la da. No se turbe vuestro corazón, ni tenga miedo."* Sin embargo, el desafío radica en que solemos buscar refugio en la Biblia solo cuando enfrentamos estos momentos difíciles, como buscando un paraguas cuando ya ha empezado a llover. Si nos nutriéramos de sus enseñanzas diariamente, esos momentos de estrés podrían llegar a tocar nuestra puerta y encontrarla cerrada, sin poder afectarnos.

La oración y la meditación en las Escrituras son siempre fuentes de fortaleza y sabiduría en estos momentos difíciles. Acércate a Dios para encontrar la serenidad y la claridad necesarias para manejar las situaciones complicadas en el trabajo. Recuerda que cada desafío es una oportunidad para crecer y para demostrar el amor y la paciencia de Cristo en acción.

Enfrentar la envidia y el conflicto en el trabajo requiere de una combinación de sabiduría bíblica, dominio propio, carácter y habilidades de comunicación efectiva, pero sobre todo, vivir cada día en tal cercanía a Dios a través de la oración y Su palabra, que tenga a Su espíritu de poder listo para socorrernos. Al hacerlo, no solo mejoramos nuestro propio bienestar, sino que también, contribuimos a crear un ambiente laboral más saludable y productivo para todos.

El teólogo y misionero Oswald Chambers ofreció una perspectiva poderosa sobre el trabajo como ministerio personal, diciendo: "El trabajo secular es el mayor medio para expresar la santidad de Dios." Cada aspecto de nuestro trabajo puede ser una expresión de la santidad y el amor de Dios si lo abordamos con la actitud correcta, entendiendo que tenemos una gran nube de testigos viendo cada paso y cada cosa que hacemos, a veces deseando vernos tropezar.

El enfrentamiento con la ansiedad en el trabajo, requiere que nosotros podamos ver cada desafío como una oportunidad para crecer en la fe y en el carácter cristiano. Nuestro trabajo se convierte en un campo de entrenamiento espiritual, donde aprendemos a reflejar la gracia y la misericordia de Dios en cada tarea y cada interacción.

Que el fin de nuestro trabajo no sea solamente la remuneración, sino el poder aprovechar el digno propósito de Dios de ensañarnos a construir Su carácter en nosotros cada día.

Ejercicio de Reflexión Consciente

Acompáñame a que reflexionemos sobre nuestra situación actual en el trabajo.

- Pensemos en cómo podríamos abordar nuestros desafíos laborales viéndolos como oportunidades para crecer en paciencia y en otras virtudes del Espíritu.
- Consideremos las veces recientes en que podríamos

haber respondido de manera diferente, aplicando estos principios bíblicos.

- Devolvamos el tiempo en nuestra mente, imaginémonos en esa oficina o en esa reunión por Zoom, y repasemos la situación actuando ahora con la guía del Espíritu Santo. ¿Qué hubiéramos hecho o dicho diferente? Tomémonos un par de minutos para este ejercicio.

Bien Hecho

La Biblia nos enseña en *1 Corintios 11:31* que *"si nos examináramos a nosotros mismos, no seríamos juzgados"*. Es justamente lo que acabamos de hacer. Ahora que hemos reflexionado sobre nuestros desafíos laborales y cómo podríamos mejorar nuestro enfoque y actitud, estamos listos para orar y fortalecernos espiritualmente. En nuestros futuros desafíos laborales, tendremos las herramientas espirituales necesarias para actuar de acuerdo a lo que Dios espera de nosotros.

» Oración

"Padre Celestial, en este momento me acerco a Ti con humildad y sinceridad. Reconozco que he fallado en muchas ocasiones en mi trabajo, cediendo a la frustración, el desánimo o la impaciencia. Me arrepiento de no haber visto siempre mi labor como un servicio para hacerte visible a través de mí y mi actitud en cada situación y de no haber tratado a todos con el amor y la paciencia que merecen, como tú lo hubieras hecho.

Perdóname por las veces que no reflejé tu amor y tu excelencia en mi entorno laboral. Ayúdame a recordar que cada esfuerzo y cada desafío dan testimonio de lo que has hecho en mi vida.

Dame la fortaleza para enfrentar los retos laborales con gracia y paciencia, viéndolos como oportunidades para crecer en el carácter que Tú deseas en mí. Espíritu Santo, guía mis acciones y palabras para que sean un testimonio de tu bondad y fidelidad. Te lo pido todo en el nombre de tu hijo Jesús, Amén."

» Meditación Final para Dormir

"Echad toda vuestra ansiedad sobre él, porque él tiene cuidado de vosotros." **1 Pedro 5:7**

"Mientras cerramos este tiempo de lectura, reflexión, oración y meditación final, te invito a apagar todo dispositivo electrónico y a crear un espacio de calma y serenidad. Que estas palabras sean lo último en lo que medites hoy, permitiendo que la paz de Dios llene tu corazón y mente. Que poco a poco, si es tu caso, puedas reducir la dependencia de fármacos para dormir, confiando en el Señor para un descanso reparador. Recuerda que aquí está tu melatonina para el Alma: *"En paz me acostaré, y así mismo dormiré; porque solo tú, Jehová, me haces vivir confiado".* **Salmo 4:8.**

Que tengas una noche de descanso profundo, en la gracia y el amor de Dios.

CAPÍTULO 4
ANSIEDAD POR LOS
EMPRENDIMIENTOS

¿Qué dice la Palabra de Dios?

"Recuerda que el Señor tu Dios te da la capacidad para producir riquezas."

Deuteronomio 8:18

Reflexión

Este, es un tema particularmente importante y sensible para mí, pues la mayoría de mi vida laboral ha sido como emprendedor, y conozco de primera mano, la ansiedad que genera el fracaso y las desilusiones constantes. Para los emprendedores, la ansiedad a menudo surge de la presión por tener éxito, manejar responsabilidades y tomar decisiones importantes. Este desafío se magnifica cuando empezamos a creer que todo depende exclusivamente de nuestro esfuerzo. En este versículo, se nos recuerda que es Dios quien nos da la capacidad para producir riquezas y nos insta a mantener la humildad y reconocer que nuestras habilidades y logros vienen de Él.

Como emprendedor, podrías enfrentarte a la tentación de jactarte de tus logros o de confiar únicamente en tu habilidad para administrar tu negocio. Sin embargo, la Escritura nos enseña a reconocer que todo lo que tenemos es un don de Dios que debemos administrar, no un regalo para hacer con él lo que queramos. Esto incluye no solo nuestros recursos materiales, sino también nuestras habilidades y oportunidades. *"¿Qué tienes que no hayas recibido? Y si lo recibiste, ¿por qué te glorías como si no lo hubieras recibido?"* ***1 Corintios 4:7***

En la administración de un negocio, principios como el orden, la responsabilidad, la honestidad y la verdad son fundamentales. La Biblia nos ofrece sabiduría sobre la administración en ***Lucas 16:10***. Este versículo subraya la importancia de ser fieles y justos en todos los aspectos de nuestra vida, incluyendo la gestión empresarial. *"El que es fiel en lo muy poco, también en lo más es fiel; y el que en lo muy poco es injusto, también en lo más es injusto."* Este pequeño libro dejaría de ser un devocional y se convertiría en una competencia del Quijote, si además ahondara en el libro completo de ***Nehemías,*** en donde los principios básicos de la administración abundan. (Debes leerlo) Pero hay uno en particular en el que me gustaría hacer hincapié y tiene que ver con el principio bíblico establecido en ***Mateo 25***.

El emprendedor que busca llevar su emprendimiento "como Dios manda" puede llegar a sentirse abrumado y ansioso, pues puede llevar consigo una serie de desafíos internos, especialmente cuando se trata de la visión de crear riqueza. A menudo, la religiosidad inculca una percepción equivocada, teñida de una especie de socialismo espiritual, que puede hacernos sentir culpables por generar dinero y prosperidad. Esta falsa dicotomía entre el éxito financiero y la fe puede obstaculizar nuestros sueños empresariales, impulsándonos a tomar decisiones basadas en dogmas religiosos en lugar de principios bíblicos.

Recuerdo una conversación con un líder religioso sobre el papel social de nuestros emprendimientos. Mientras el valor social es indudablemente importante, como lo demuestra el libro de Santiago, llegamos a un punto de desacuerdo sobre la interpretación económica de la Biblia. Discutíamos sobre *Mateo 25:14-28* que habla sobre la parábola de los talentos, en donde Jesús nos presenta una parábola que revela el enfoque del Reino de Dios hacia la riqueza. (te recomendaría dar una pausa al devocional, leer el pasaje en tu Biblia y regresar).

En este pasaje, se distribuyen talentos de manera desigual, reflejando la realidad de las diversas capacidades individuales. Es importante aclarar que en la Biblia, un "talento" se refiere a una unidad de moneda, no a habilidades o dones.

El talento, en tiempos bíblicos, era una unidad de medida de peso y, por extensión, una unidad monetaria. Su valor exacto podía variar según la región y la época, pero generalmente representaba una cantidad significativa de dinero o riqueza. Un talento era originalmente una medida de peso para metales preciosos como el oro y la plata. El peso de un talento podía variar, pero generalmente se estima que un talento equivalía aproximadamente a 34.3 kilogramos (75.6 libras).

Te voy a dar un dato curioso que seguramente te explotará la cabeza como a mí cuando entendí lo que realmente representaba un talento y me topé con otra parábola en *Mateo 18:21-35,*

¿Estas listo? espero que puedas digerir esto. En este pasaje Jesús expone la parábola de los dos deudores, en donde uno le debía a su señor 10 mil talentos, y este estaba listo para convertirlo en esclavo y venderle junto a su familia para recuperar su dinero, el deudor se postra y le suplica a su acreedor diciendo: *"Señor, ten paciencia conmigo, y yo te lo pagaré todo. El señor de aquel siervo, movido a misericordia, le soltó y le perdonó la deuda".* Pongamos esto en perspectiva, la deuda era de 10 mil talentos, y un talento equivalía aproximadamente a 34.3 kilogramos de oro o plata, esto significa que la deuda era de 343.000 kilogramos, es decir, 34.3 toneladas. Lo más preocupante de todo es que el inicio de la parábola comienza con esta frase: *"Por lo cual el reino de los cielos es semejante a"* quiere decir que la parábola habla de los que algún día habitaremos con Dios en Su reino, y que la deuda que nosotros debemos pagar a Dios por nuestros pecados es impagable. Sin embargo, Dios, movido a misericordia, envió a Su Hijo Jesucristo y la pagó por nosotros, ¿conmovedora historia verdad? Pero volviendo a la parábola, ese siervo deudor después de no entender la magnitud de lo que se le perdonó, encontró a otro consiervo que le debía tan solo cien denarios, lo tomó por el cuello y le exigió el pago, y como este no pudo saldar la deuda de inmediato, lo echó a la cárcel. Eso somos nosotros al no entender el perdón de Dios y andar por ahí sin perdonar a nuestros deudores, aunque repitamos como loras el Padre Nuestro todos los días sin entender lo que estamos orando. *"¿Qué, pues? Oraré con el espíritu, pero oraré también* **con el entendimiento***; cantaré con el espíritu, pero cantaré también* **con el entendimiento***" 1 Corintios 14:15*

Este detalle de entender lo que significa un talento en la Biblia es crucial, ya que una mala interpretación puede llevarnos a equivocarnos en nuestras prácticas y decisiones, aumentando innecesariamente nuestra ansiedad como emprendedores.

Contrario a la noción de que la Biblia promueve un sistema socialista, esta parábola muestra principios que más bien se alinean con una visión capitalista. Cada persona recibe según su habilidad: el que tiene capacidad para un talento, el que puede manejar dos, y el que está capacitado para multiplicar cinco. ¿No les parece claro que allí se establecen las clases sociales? Si el mismo Jesús dijo: *"a los pobres siempre los tendréis con vosotros"* **Juan 12:8**, significa que quiso decir que a los de la clase media y alta también, pues a cada uno se le da de acuerdo con su capacidad y estos, podrían pasar de una clase a otra por su falta de una correcta administración, pero las clases sociales siempre estarían en medio de nosotros. Es por este principio que las ayudas sociales del gobierno terminan siendo administradas erróneamente por personas sin capacidad de administrar, aquellas personas que toman su único talento y lo meten debajo de la tierra, creando una codependencia al asistencialismo social que genera individuos negligentes que encuentran en esa asistencia la excusa perfecta para no emprender. La enseñanza clave aquí es la administración eficiente de lo que se nos ha confiado. Aquel que no logra producir con su único talento termina perdiéndolo, mientras que el que multiplica sus cinco talentos es recompensado. Este pasaje ilustra que no es el dinero en sí lo que atrae más riqueza, sino la habilidad de administrarlo sabiamente. Dios traslada la riqueza de quienes no la producen eficazmente a aquellos que sí saben multiplicarla, aplicando la ley de la siembra y la cosecha. Ahondaré en esa ley un poco más adelante.

Para un emprendedor, que quiere establecer principios cristianos en su empresa, pero al no saber cómo, se llena de ansiedad, esto significa reconocer y desarrollar nuestras capacidades de administración. ¿Somos aquellos con un talento, dos, o cinco? Nuestro desafío es identificar nuestro nivel de habilidad y trabajar para incrementarlo pero sin codicia. Ser fieles en lo poco es el paso hacia ser confiables en lo mucho. En lugar de sentir culpa por buscar la prosperidad, deberíamos enfocarnos en cómo utilizar nuestra prosperidad para cumplir con nuestros deberes cristianos. Una vez que hemos multiplicado lo que se nos ha dado, sabremos cómo usarlo correctamente, cumpliendo así con el ciclo bíblico de generar riqueza y apoyar socialmente, dando herramientas para que los más necesitados aprendan a progresar y prosperar, en vez de darles asistencia que los mantenga pobres y dependientes. Esta es la verdadera responsabilidad de un emprendedor cristiano: no solo generar riqueza, sino también administrarla de manera que glorifique a Dios y beneficie a otros. Conozco "emprendedores" cristianos, que, basados en un texto sacado de contexto sobre las ofrendas, no han logrado salir de deudas, pero siguen dando a la Iglesia con el único propósito oportunista de que, si da, Dios les bendecirá. Vamos a hilar este concepto. Si el único dinero que te queda después de todos los gastos que tu emprendimiento genera, es el dinero para pagar el recibo del agua o de la luz, y lo ofrendas, tú no ofrendaste, lo hicieron las compañías de agua y luz, porque ese dinero se lo adeudas a ellos, por servicios que ya recibiste. y no se ofrenda con dinero ajeno. Y cuando te corten el agua o la luz, Dios no la va a conectar sobrenaturalmente para mermar así la ansiedad que te provoca esa pésima gestión administrativa, maquillada de espiritual. Dirige tu emprendimiento con tal nivel de correcta gestión administrativa, que cuando vayas a ofrendar seas tú quien ofrende y por qué no, hasta la empresa.

Una vez entendido esto, podemos soportar de nuevo una confrontación de Dios, en ***Deuteronomio 8:11-14*** donde se nos advierte: *"Cuídate de no olvidar al Señor tu Dios, dejando de guardar sus mandamientos, sus juicios y sus estatutos que yo te ordeno hoy; no suceda que, después de haber comido y estar saciado, y haber edificado buenas casas en que habites, y cuando tus vacas y tus ovejas se hayan multiplicado, y tu plata y tu oro se hayan aumentado, y todo lo que tengas se haya multiplicado, entonces se enaltezca tu corazón, y te olvides del Señor tu Dios."*

Este pasaje nos recuerda que, incluso en tiempos de abundancia y éxito, debemos mantener nuestro enfoque y gratitud en Dios, reconociendo que todo lo que tenemos y todo lo que somos es resultado de Su bondad y gracia.

Siembra y Cosecha

A propósito de la ley de la siembra y la cosecha que comentaba unos párrafos antes, quiero compartir contigo una verdad incómoda, a menudo no mencionada y que surge de un cuestionamiento muy común:

¿Qué sucede con aquellos que no creen en Dios y aun así prosperan en sus negocios, mientras que algunos creyentes enfrentan dificultades? Y peor aún, ellos ni siquiera ofrendan.

La explicación yace en cómo Dios ha establecido principios universales que rigen el mundo. Al igual que la ley de la gravedad funciona tanto para creyentes como para no creyentes, los principios de causa y efecto aplican también a todos, independientemente de la fe personal.

Dios creó leyes universales, como la siembra y la cosecha, que operan consistentemente. Así, un no creyente que se adhiere a principios de orden, honestidad, diligencia, responsabilidad y una buena gestión de recursos y tiempo, experimentará los beneficios de sus acciones. Por otro lado, un creyente que se entrega a la pereza, la negligencia y el desorden, no cosechará los mismos beneficios. Estos principios son los que traen éxito, más allá de las creencias individuales. Si la siembra y la cosecha es una ley, y esa ley fue establecida por Dios, piénsalo de esta manera: La ley de la gravedad también fue establecida por Dios, aunque descubierta por Newton. Esta ley establece que todo lo que sube, baja, y aplica para todo y todos, creyentes o no. Por tal motivo, si un creyente y un incrédulo se tiran al mismo tiempo de un décimo piso, el primero no flota mientras el segundo se revienta contra el cemento de la acera. Los dos tendrán la misma consecuencia de la ley de la gravedad. Así sucede con la ley de la siembra y de la cosecha.

A menudo, en algunas iglesias, se presenta una versión simplificada del evangelio, sugiriendo que la prosperidad vendrá simplemente con pedirla, sin necesidad de cambiar hábitos o comportamientos erróneos. Esta manipulación puede llevar a la frustración y al resentimiento hacia Dios cuando las oraciones no se materializan como se esperaba. Como creyentes, no solo tenemos la ventaja de la guía y sabiduría divinas, sino también la responsabilidad de recordar que Dios no hace excepciones con sus leyes universales. Nuestra fe nos exige cumplir con un estándar más elevado de integridad y propósito, y nos llama a vivir en conformidad con los principios que Dios ha establecido.

Es decir, tenemos una ventaja significativa, ya que en la Palabra de Dios encontramos un manual con todos estos principios. Debería causarnos al menos, cierta vergüenza, que los no creyentes apliquen estos principios sin conocerlos o habiéndolos aprendido del mundo, mientras que nosotros, que tenemos el testimonio de un Dios que no se conforma con nuestros malos hábitos, que no alcahuetea nuestras irresponsabilidades y negligencias, sino que nos anima a esforzarnos y ser valientes, a veces fallamos en hacerlo. Este reconocimiento debe motivarnos a vivir de manera que nuestra fe se refleje no solo en nuestras palabras, sino también en nuestras acciones y decisiones cotidianas.

En conclusión, cerré el año sin trabajo y con mi emprendimiento varado, una situación que para cualquier emprendedor sería preocupante. Pero esta no es solo una historia de dificultades en mi carrera profesional. Es, más bien, un recordatorio de mi dependencia y fe en Dios. Como emprendedor, siempre he creído que, haciendo las cosas bien, el éxito es inevitable. Sin embargo, me encontré sin clientes, enfrentando retrasos en los pagos, y recordé una verdad crucial: mi emprendimiento, y todo en mi vida, está bajo la soberanía de Dios.

Esta experiencia me ha mostrado que incluso si administro mi negocio de manera impecable, aún está sujeto a la voluntad divina. Dios no duda en intervenir en mi negocio si eso significa recuperar mi atención y mi corazón. En estos momentos, cuando todo lo que he construido parece desmoronarse, es cuando Dios me llama a mirar hacia Él, a confiar en Su plan y propósito para mi vida.

Me encontré en una encrucijada, donde debía decidir entre centrarme en mis preocupaciones o volver mis ojos hacia Dios. Elegí lo segundo, poniéndome de rodillas y buscando Su perdón y dirección. Comencé a ver mi emprendimiento no solo como un medio para el éxito financiero, sino como una plataforma para glorificar a Dios y aprender a confiar en Él más profundamente.

Esta reorientación no solo ha calmado mi ansiedad, sino que también me ha abierto a las oportunidades y bendiciones que Dios tiene preparadas para mí, incluso en medio de la adversidad. Me he dado cuenta de que lo más importante no es el éxito del negocio, sino lo que aprendo y cómo crezco en mi fe y en mi carácter a través de estas experiencias.

Así, este momento difícil en mi carrera se ha convertido en una valiosa lección: mi verdadera seguridad y estabilidad proviene de Dios, no de mis logros o posesiones. Y esta es la perspectiva que quiero compartir contigo. En momentos de incertidumbre, no olviden volver sus corazones hacia Dios, confiando en que Su plan para nosotros es perfecto, incluso cuando no lo entendamos del todo.

Tu Emprendimiento no es Tuyo, Solamente Fuiste Llamado por Dios para Administrarlo.

Aunque fruto de tu esfuerzo y visión, no te pertenece en última instancia. Dios te ha llamado para ser el administrador, el mayordomo de este proyecto. Él te ha dotado de habilidades, oportunidades y recursos para desarrollarlo. Reconocer que somos simplemente administradores de lo que Dios nos confía nos lleva a una perspectiva más humilde y dependiente de Él. Esto implica que nuestras decisiones, estrategias y acciones deben alinearse con sus principios y propósitos, entendiendo que Él tiene la autoridad final sobre el curso y el impacto de nuestro emprendimiento. Esta realidad, acaba con la ansiedad.

Ejercicio de Reflexión Consciente

Reflexionemos sobre cómo hemos estado manejando nuestro emprendimiento o trabajo.

- ¿Estamos reconociendo la mano de Dios en nuestros éxitos y desafíos?
- Pensemos en cómo podemos aplicar los principios de fidelidad, honestidad y administración justa en nuestros negocios.
- ¿Hemos aceptado realizar negocios turbios o deshonestos para ganar un poco más de dinero?
- ¿En dónde estamos en el espectro económico que Dios nos ha dado a administrar? ¿1,2 o 5 talentos?
- Si estás pidiendo más, ¿tienes capacidad de administrarlo? ¿Has sido fiel en lo poco como para poderte confiar eso de más que deseas tener?
- Cuando comenzó a irte bien, ¿Te alejaste de Dios?

Consideremos situaciones recientes donde podríamos haber aplicado estos principios de manera más efectiva. Tomémonos un par de minutos para hacerlo.

Bien Hecho

No olvides en lo que he insistido cada día en este devocional nocturno: La Biblia nos enseña que *"si nos examináramos a nosotros mismos, no seríamos juzgados"*. ¿Ya memorizamos el versículo? Bueno, aquí está de nuevo para que lo aprendamos: *1 Corintios 11:31*. Así que, después de examinarnos y haber reflexionado sobre nuestro papel como emprendedores y cómo podemos mejorar en la administración de nuestros dones y recursos, estamos listos para orar y fortalecernos espiritualmente. En nuestros próximos desafíos como emprendedores, tendremos las herramientas espirituales necesarias para actuar según lo que Dios espera de nosotros.

» Oración

"Señor, en este momento vengo ante Ti con un corazón humilde y agradecido, pero también consciente de mis fallos. Reconozco que en ocasiones he caído en la vanagloria, mirando mis éxitos como frutos de mi esfuerzo y no como bendiciones tuyas. Te pido perdón por esto y por las veces que he confiado más en mis habilidades que en tu guía.

Espíritu Santo, te ruego que me guíes en cada paso de mi emprendimiento. Que tu presencia me inquiete, me alerte y me detenga cada vez que surjan oportunidades o invitaciones a actuar de manera indebida. Ayúdame a que la honestidad sea el pilar en cada decisión de negocios que tome, incluso si eso significa perder ciertas oportunidades. Deseo reflejar tu justicia y tu verdad en todo lo que hago.

Te pido, Señor, que en un mundo donde imperan la mentira, el egoísmo y la falta de honestidad, me protejas de estafas y de personas con malas intenciones. Que mi negocio no sea solo un medio para ganar mi sustento, sino también una luz que refleje tu amor y tu bondad. Que aquellos que trabajan conmigo, ya sean empleados, proveedores o clientes, puedan ver en mí un reflejo de Ti y de tus principios. Que mi negocio sea un lugar donde tu presencia se sienta y donde tus valores sean evidentes.

Concédeme sabiduría y discernimiento en cada paso que dé, y que a través de mi trabajo, tu nombre sea glorificado. En el nombre de Jesús, Amén."

» Meditación Final para Dormir

"Encomienda al Señor tu camino; confía en él, y él actuará."
Salmo 37:5

"Mientras cerramos este día de reflexión, y apagas todo, te invito a dejar de lado todas las preocupaciones y a confiar en que Dios está al mando. Que puedas descansar en la seguridad de Su cuidado y provisión. Que la paz de Dios, que sobrepasa todo entendimiento, guarde tu corazón y tu mente. Que tengas un descanso reparador, sabiendo que el Señor está contigo en cada paso de tu camino emprendedor. Y que esta verdad sea la melatonina para tu alma *"En paz me acostaré, y así mismo dormiré; porque solo tú, Jehová, me haces vivir confiado"*. **Salmo 4:8.**

Que tengas una noche de descanso profundo, en la gracia y el amor de Dios.

CAPÍTULO 5
ANSIEDAD POR LA SALUD:
ENCONTRANDO FUERZA
EN LA DEBILIDAD

¿Qué dice la Palabra de Dios?

"Y me ha dicho: Bástate mi gracia; porque mi poder se perfecciona en la debilidad."

2 Corintios 12:9

Reflexión

La salud y las enfermedades pueden ser una fuente significativa de ansiedad, tanto cuando enfrentamos dolencias propias como cuando vemos sufrir a familiares y amigos. En estos momentos, es fácil sentirnos abrumados y cuestionar el propósito de Dios. Sin embargo, la Biblia nos muestra que nuestras debilidades físicas son oportunidades para experimentar la suficiencia de la gracia de Dios, tal como le ocurrió a Pablo con el "aguijón en la carne" en **2 corintios 12:1-10.**

Pablo le pidió a Dios que le quitara este aguijón tres veces, pero la respuesta divina fue un recordatorio de que la gracia de Dios es suficiente y que Su poder se perfecciona en nuestra debilidad. En lugar de rebelarnos o quejarnos por nuestras enfermedades, debemos reconocer que cada situación de salud, difícil como pueda ser, es permitida por Dios con un propósito divino.

No estaría de más también, reflexionar sobre cómo hemos administrado el cuerpo que Dios nos ha dado. ¿Hemos abusado de la comida, el alcohol, o descuidado nuestro sueño y bienestar? Esto es algo con lo que Dios me ha enfrentado últimamente, pues además soy músico y siempre me he sentido más productivo durante las noches y, aunque nunca he tomado, ni fumado, ni consumido drogas, las madrugadas, y esas desveladas ya han venido pasando factura, La Biblia nos enseña en **Proverbios 17:22** que *"El corazón alegre es buena medicina; pero el espíritu triste seca los huesos."* Incluso en medio de la enfermedad, debemos esforzarnos por mantener un ánimo agradecido y confiado en Dios, evitando la queja y el descontento, pero siendo conscientes de cuáles son los hábitos que podríamos cambiar para ayudar a nuestro cuerpo a recuperarse.

Aprendí que reclamar a Dios por una enfermedad es cuestionar Su sabiduría y soberanía, lo cual es pecado. En lugar de eso, deberíamos aceptar, sin buscar entender qué nos quiere enseñar a través de estas experiencias. Personajes bíblicos como Timoteo, que padecía de frecuentes enfermedades estomacales, **Epafrodito** quien en **Filipenses 2:25-30,** se menciona que estuvo enfermo y casi murió mientras servía a la iglesia y aunque estuvo enfermo, trabajó con diligencia en la obra del Señor y fue un valioso colaborador de Pablo; y otros que enfrentaron adversidades físicas, fueron grandemente usados por Dios, demostrando que nuestras limitaciones físicas no limitan el propósito y el poder de Dios en nuestras vidas.

Eso no significa que en medio del agradecimiento, sí, agradecimiento por ser tomados en cuenta por Dios para sufrir esa enfermedad, no clamemos a Dios como lo hizo Pablo.

Que Dios haya fortalecido a Pablo a través de Su gracia para que la información que le fue revelada no le vangloriase, eso no significa que no pueda ejercer misericordia y conceder un milagro aunque a él no se lo concedió. Pero cuidado con condicionar a Dios con tus palabras. Muchas veces se comete el error de decretar sanidad como si Dios estuviese obligado a darle pausa a Su plan soberano, el cual está obrando a través de la prueba, que en este caso se manifiesta como una enfermedad, para responder a la petición o muchas veces mandato irrespetuoso de algún líder espiritual que cree que solo por decretarlo se va a cumplir. Recuerdo el caso en particular de una cantante cristiana que decretó sanidad para otro colega que padecía de una enfermedad terminal, mientras decretaba finalizó diciendo: "Y no vamos a aceptar un no como respuesta" Recuerdo ver el video y comenzar a sentir una gran ansiedad por el enfermo a quien tal vez, por ese acto de soberbia espiritual bien intencionado, terminó de sellar su desenlace. Está demás decir que Dios no escuchó el decreto ni se vio intimidado por quién lo proclamó.

Son cientos o miles los casos de cristianos defraudados con Dios pues no les concedió "el deseo". Siempre hago este ejercicio: si le pido a Dios algo y me lo concede, obvio que yo gano, pero ¿qué gana Dios con concedérmelo? Si te cura, vas a glorificar Su nombre, ¿o vas a salir de nuevo de fiesta con tus amigos?

Me ha tocado estar agradecido por la sanidad de una persona de la cual Dios tuvo misericordia cuando oré, pero sabiendo que no fue necesariamente mi oración la que movió Su brazo, ya que muchos lo estábamos haciendo; como también, me ha tocado orar en silencio en el funeral de la persona por quien pedí. Dios es soberano, sus planes son perfectos e inescrutables sus caminos. El resumen de todo es que encuentres en tu dolencia la oportunidad de agradecerle y glorificar Su nombre como lo hizo Job, quien entendió que las cosas buenas y las malas las recibió de Dios.

"¿Qué? ¿Recibiremos de Dios el bien, y el mal no lo recibiremos? En todo esto no pecó Job con sus labios". **Job 2:10b**

No busques entender, solo agradece, no encuentres un por qué, tan solo agradece, mucho menos un para qué, solamente agradece. Y que a través del agradecimiento, Su gracia hará que entiendas que cualquier dolencia que tengas, será como un día en el spa comparado al sufrimiento de Su hijo en la cruz. (No olvides al operador del puente levadizo del tren en el capítulo 2)

Para terminar de amarrar este concepto en tu corazón puedes leer **Hebreos 12:1-11**, y cada vez que te encuentres con la palabra "disciplina", cámbiala por "entrenamiento", y todo tendrá sentido.

En **2 Reyes 20**, se relata la enfermedad del rey Ezequías. Dios le concedió una prolongación de su vida después de que este orara con fervor. Esta experiencia fortaleció su fe y llevó a una mayor confianza en Dios. Ese también podría ser tu caso, pero si no, Él seguirá siendo soberano y culminará Su plan en ti.

Quiero compartir contigo una experiencia personal que marcó profundamente mi vida y mi fe. En el año 2015, sufrí un accidente de tránsito que me llevó a perder la voz. Como cantante, esto fue devastador. Las visitas continuas a médicos no ofrecieron respuestas claras sobre la causa de mi afonía. Mi voz, esencial para mi arte y pasión, simplemente no estaba. La ansiedad y las preguntas me abrumaban constantemente.

En mi desesperación, al igual que Pablo, clamé a Dios repetidamente por la restauración de mi voz. Hasta hacía tratos con Dios que, si me devolvía la voz, yo haría esto o aquello, ya ustedes saben la dinámica. Durante una de esas oraciones, Dios trajo a mi memoria, con una claridad deslumbrante, momentos de muchos años previos al accidente donde había usado mi voz de manera imprudente e hiriente. Recordé instancias en las que, en lugar de escuchar, interrumpía a otros para imponer mi perspectiva, a menudo ofendiendo y lastimando a quienes me rodeaban.

En ese instante, con un corazón lleno de arrepentimiento y vergüenza, pedí a Dios que no me devolviera mi voz hasta que Él tratara con mi soberbia. No quería recuperarla hasta que pudiera usarla para edificar a otros. Y así, Dios obró en mí. Tras años de silencio y reflexión, y habiendo dado un alto temporal a mi carrera musical con mi banda Escats, mi voz comenzó a regresar. No hubo explicación médica para ello; simplemente volvió, poco a poco.

En el viaje de mi vida, la pérdida de mi voz no fue simplemente un evento desafortunado; fue una lección divina en humildad y dependencia de Dios. Al igual que Pablo, que clamó por la eliminación de su aguijón y aprendió a depender de la gracia de Dios, yo también aprendí a confiar en Su voluntad perfecta, incluso cuando no comprendía Su propósito. Aquel accidente y mi pérdida de voz se convirtieron en un altar personal de transformación y crecimiento espiritual.

A través de esa experiencia, Dios me enseñó el valor de la escucha, la humildad y el uso cuidadoso de las palabras. Aunque a veces, sigo luchando con esa naturaleza en mí, que alza la voz e interrumpe, cuando sucede de inmediato rectifico con Dios y pido perdón. Aprendí que nuestras voces, tanto literales como metafóricas, son dones que deben ser usados para edificar a otros, no para imponer nuestra voluntad o herir. Dios, en Su misericordia y sabiduría, usó mi momento más vulnerable para revelarme aspectos de mi carácter que necesitaban ser refinados, esto no significa que haya tenido una visión sobrenatural o una experiencia para normal, no, simplemente en oración, sutiles y amargos recuerdos de lo que había hecho mal y antes justificaba, ahora se volvían tristes fotografías en mi memoria que hubiera preferido no tener.

Mi voz, ahora la veo como un instrumento precioso. Y con un deseo renovado, más fuerte que nunca, anhelo dedicarla a glorificar a Dios, a resonar con el mensaje de Su amor y Su gracia inagotables. No necesariamente a través del canto, sino en cualquier forma que Él disponga. Ahora, sentado de nuevo en Su cocina, tomando un café con Él, me maravillo de cómo he llegado a conocerlo en el último mes, de una manera que ninguna religión jamás pudo revelarme en años.

Esta experiencia me enseñó que, en medio de cualquier enfermedad o debilidad, tenemos la oportunidad de experimentar la gracia de Dios de una manera profundamente personal. Al igual que Ezequías, quien encontró una renovada fe y confianza en Dios a través de su enfermedad, nosotros también podemos encontrar fortaleza y propósito en nuestras luchas. Nuestro sufrimiento no es en vano; es una oportunidad para crecer en nuestra relación con Dios, descubrir Su gracia suficiente y aprender a confiar más plenamente en Su plan soberano.

Así que, mientras enfrentamos desafíos de salud, ya sean propios o de seres queridos, recordemos que cada dolor, cada lágrima, es conocida por nuestro Padre celestial. Y en nuestra debilidad, Su poder se perfecciona, guiándonos hacia una comprensión más profunda de Su amor, Su misericordia y Su soberanía. Encontramos paz no solo en la curación física, sino en el abrazo seguro de Su presencia constante y Su gracia transformadora mientras convalecemos, o también, si decide no recuperarnos, Él es soberano.

Ejercicio de Reflexión Consciente

Reflexiona sobre cómo has estado cuidando tu cuerpo y gestionando tus preocupaciones relacionadas con la salud.

- ¿Has permitido que la ansiedad te domine, o has buscado paz y fuerza en Dios para enfrentar estas situaciones?
- Considera cómo puedes adoptar un enfoque más saludable tanto física como espiritualmente.
- ¿Has participado en actividades físicas que beneficien tu cuerpo y mente?
- ¿Has dedicado tiempo para descansar y recuperarte del estrés diario?

Recuerda que cuidar de tu salud involucra no solo aspectos

físicos, sino también emocionales y espirituales. Tómate un momento para examinar tus hábitos diarios.

- ¿Estás priorizando tu bienestar físico y espiritual, o estás descuidando aspectos importantes de tu salud?
- Reflexiona sobre cómo tu relación con Dios influye en tu salud y bienestar. ¿Te has acercado a Él en tiempos de dificultad y le has confiado tus preocupaciones?
- ¿Has encontrado consuelo y fuerza en Su presencia?

Comienza ahora a dar gracias a Dios por considerarte digno de llevar Sus sufrimientos en tu cuerpo. Reconoce Su amor y misericordia, y acepta Su gracia para enfrentar cualquier desafío que se presente en tu camino. Tómate un par de minutos para meditar sobre estas reflexiones.

Bien Hecho

Te examinaste a ti mismo y ya sabes lo que dice la palabra: *"si nos examináramos a nosotros mismos, no seríamos juzgados" 1 Corintios 11:31* Reflexionando sobre tu salud y cómo has enfrentado tus enfermedades o las de tus seres queridos, estás listo para orar y buscar en Dios la fortaleza y la sabiduría para aceptar y superar estas pruebas, reconociendo Su soberanía en todas las circunstancias.

» Oración

"Amado Señor, en medio de las preocupaciones por la salud, vengo a Ti buscando tu consuelo y tu fortaleza. Te pido perdón por las veces que he permitido que la ansiedad y la queja dominen mi espíritu frente a las enfermedades. Ayúdame a recordar que en mi debilidad, Tu gracia es suficiente.

Dame la sabiduría para cuidar el cuerpo que me has dado, sabiendo que es un templo de tu Espíritu Santo. En las enfermedades, ya sean mías o de aquellos que amo, ayúdame a confiar en tu propósito y en tu poder sanador. Que mi actitud ante la adversidad sea un testimonio de tu amor y tu soberanía.

Guía mis pensamientos y acciones para que, incluso en medio del dolor y la incertidumbre, pueda ser un reflejo de tu paz y tu esperanza. Y que también en el proceso, todo el personal médico que no te conoce, pueda verte a través de mí. En el nombre de Jesús, Amén."

» Meditación Final para Dormir

*"Venid a mí todos los que estáis trabajados y cargados, y yo os haré descansar." **Mateo 11:28***

"Mientras cerramos este día de reflexión sobre la salud y las enfermedades, te invito a entregar todas tus preocupaciones a

Dios y a descansar en la seguridad de Su cuidado y gracia. Que la paz de Dios, que sobrepasa todo entendimiento, guarde tu corazón y tu mente esta noche. Confía en que, a pesar de las dificultades, Dios está contigo, fortaleciéndote y guiándote en cada paso y que no te falte el día de hoy tu melatonina para el alma: *"En paz me acostaré, y así mismo dormiré; porque solo tú, Jehová, me haces vivir confiado."* **Salmo 4:8**

Que tengas una noche de descanso profundo, en la gracia y el amor de Dios.

CAPÍTULO 6
ANSIEDAD POR LA PÉRDIDA:
EL PROCESO DEL DUELO

¿Qué dice la Palabra de Dios?

"Bienaventurados los que lloran, porque ellos recibirán consolación."

Mateo 5:4

Reflexión

Entre las muchas tradiciones de Costa Rica, el Día de la Madre se destaca por su especial afecto y reverencia, celebrándose cada 15 de agosto. Esta fecha, diferente a la de la mayoría de los países, adquiere una dimensión religiosa adicional. En este día, mientras muchos se entregan a las festividades, obsequiando regalos y disfrutando de comidas en honor a sus madres, hay quienes, en contraste, les toca llevar flores a los cementerios. Otras personas, como mi amiga Ghislaine, continúan con sus rutinas laborales, ajenas a la pausa festiva.

Embarazada de 38 semanas y esperando a su primera hija, esta joven madre se encontraba entre aquellos cuyas obligaciones en el aeropuerto, un lugar ajeno al descanso de los feriados, la obligaban a trabajar incluso en este día tan significativo.

La mañana del 15 de agosto de 2016 se presentaba como el preludio de una nueva vida para Ghislaine. Con la llegada de Frida prevista para apenas dos semanas después, imaginaba el momento en que su hija, tras unas nalgadas del doctor, en una fría sala de hospital, tendría su primer llanto, enfrentando sin saberlo, la ansiedad que genera el encuentro con el nuevo mundo, lejos de la seguridad del vientre de su madre. Este encuentro, lleno de promesas y alegría, quedó atrapado en un desafortunado giro de, lo que la mayoría llamarían "destino", pero muy pocos entenderían como la soberanía de Dios en Su más dolorosa manifestación.

Con una crudeza inesperada en la parada del autobús, en un momento de intencionado descuido, el conductor cerró las puertas delante de Ghislaine justo cuando ella estaba lista para subir, dejándola atrás, sola, excepto por la presencia de un joven que, hasta entonces, parecía ser solo otro pasajero esperando. La tranquilidad del feriado se quebró cuando este muchacho víctima de sus propios desafíos de vida, aprovechando la poca afluencia de automóviles y gente, intentó robarle el teléfono a Ghislaine mientras nadie observaba. En la confusión y el miedo del momento, un instinto básico la llevó a resistirse, impulsada no por el valor del teléfono, sino por la sorpresa y la dificultad para entender lo que estaba pasando, además de la necesidad de proteger la vida que llevaba en su vientre. El forcejeo resultó en una caída, un impacto directo que fue mucho más que físico.

A pesar del acto heroico de un taxista que justo pasaba por la autopista y se lanzó en persecución del joven, quien terminó arrojando el celular al suelo antes de continuar su huida, este buen samaritano no solo recuperó el teléfono, sino que también llevó a la madre adolorida al hospital. Sin embargo, el daño irreparable ya estaba hecho. Las primeras horas en observación brindaron un fugaz destello de esperanza, al informar que Frida parecía no haber sufrido daños. Después de 24 horas de atención intensiva por parte del equipo médico, Ghislaine volvió a su hogar y, apenas una semana más tarde, experimentó el inconfundible silencio de un vientre que ya no albergaba vida; Frida, tras luchar incansablemente en su burbuja de líquido amniótico y a solo una semana de venir al mundo, sucumbió debido al impacto directo que su avanzado estado de gestación recibió contra el duro y áspero cemento, aquel fatídico día de la madre, falleciendo el 21 de agosto.

La pérdida de Frida sumió a Ghislaine en un abismo de tristeza y depresión. Durante siete años, vivió en un estado de duelo perpetuo, dependiendo de fármacos y atrapada en un ciclo de desesperanza y búsqueda de respuestas en prácticas como el tarot, la clarividencia y la muy mal llamada "magia blanca", creyendo comunicarse con su hija a través de medios que nunca le proporcionaron el consuelo verdadero que anhelaba. Su dolor la llevó al borde del abismo, resultando en una internación por un intento de suicidio, un grito de ayuda en su lucha por encontrar consuelo y paz.

El duelo y la pérdida son experiencias universales, y enfrentarlas puede ser una de las fuentes más profundas de ansiedad y dolor. La pérdida de un ser querido, un trabajo, una relación, o incluso un sueño puede sumergirnos en una profunda tristeza. En estos momentos, es natural sentirse abrumado y, a veces, incluso cuestionar nuestra fe y propósito.

El versículo del Sermón del Monte, pronunciado por Jesús, ofrece un consuelo profundo. Nos recuerda que en nuestras lágrimas y en nuestro dolor, no estamos solos. Dios nos ofrece Su consolación y presencia. No minimiza nuestro sufrimiento, sino que promete estar con nosotros en medio de él.

C.S. Lewis, en su libro "Una pena en observación", describe su propio viaje a través del duelo tras la pérdida de su esposa. Lewis habla de su dolor no como un obstáculo para la fe, sino como una parte de su viaje espiritual, un eco de la profundidad de su amor. Al igual que Lewis, podemos encontrar en nuestra propia pérdida una oportunidad para crecer más cerca de Dios, para experimentar Su consuelo y aprender a confiar en Él, incluso en los valles más oscuros de la vida.

Después de reflexionar sobre la experiencia de C.S. Lewis, podemos encontrar un paralelo conmovedor en la historia bíblica de Lázaro. La Biblia nos cuenta en *Juan 11:35* que *"Jesús lloró"*, un versículo notable por su brevedad y profundidad. A pesar de saber que resucitaría a Lázaro, Jesús se tomó un momento para llorar su muerte. Esto nos lleva a preguntarnos: si Jesús sabía que Lázaro volvería a la vida, ¿por qué lloró?

En mi reflexión personal, encuentro consuelo en la idea de que Jesús quiso compartir el dolor y el duelo de la humanidad. Al llorar por Lázaro, Jesús no solo mostró Su empatía y solidaridad hacia aquellos que sufrían por la pérdida de Su amigo, sino también hacia toda la humanidad que experimentaría el dolor de perder a seres queridos. Es un acto de amor profundo y de solidaridad con nuestras emociones y experiencias humanas.

Por otro lado, considerando que Lázaro estuvo muerto durante varios días, y en la Biblia, la muerte simboliza la separación de Dios, las lágrimas de Jesús pueden verse como un reflejo de Su tristeza por cada momento que pasamos separados de Su amor, "muriendo" en nuestros delitos y pecados, como se menciona en *Efesios 2:1*: *"Y él os dio vida a vosotros, cuando estabais muertos en vuestros delitos y pecados"*. Fuera de Él, nada somos, y en estos momentos de separación, Jesús entristece y llora. Estas lágrimas son un recordatorio de Su deseo continuo de que estemos unidos con Él, viviendo una vida llena de Su amor y gracia, tal como se expresa en *Juan 15:5*: *"Yo soy la vid, vosotros los pámpanos; el que permanece en mí, y yo en él, éste lleva mucho fruto; porque separados de mí nada podéis hacer."* En fin, quiero pensar que, de la misma forma en la que Jesús lloró por Su amigo después de 4 días de estar muerto, Jesús ha llorado por mí, por esas semanas, meses y años en que me separé de Él.

Tomemos, por ejemplo, la pérdida de un ser querido. Imagina la profunda tristeza de una madre al perder a su hija, como mi amiga Ghislaine; o una hija al perder a su madre, como fue el caso de mi esposa, y el de un Padre al ver morir a Su hijo, como le tocó a Dios. La abrumadora sensación de vacío que deja la ausencia de esa presencia vital en su vida. Esta pérdida es un reflejo de la ruptura de lo que una vez fue un vínculo lleno de amor y alegría. En medio de ese dolor, la madre puede encontrar consuelo en las palabras de Jesús, sabiendo que Él también experimentó y compartió en la profundidad del dolor humano.

O consideremos el duelo por un anhelo no cumplido. Piensa en un joven que ha soñado toda su vida con una carrera en particular, solo para encontrarse con puertas cerradas en cada paso. Esa pérdida de un sueño, ese anhelo no realizado, es una forma de duelo que a menudo pasa desapercibida, pero que lleva consigo una carga de desilusión y desesperanza. En estos momentos, podemos recordar que Jesús también entiende la tristeza de los sueños no realizados, como cuando expresó Su deseo de reunir a Jerusalén bajo Sus alas, pero ellos no quisieron *(Mateo 23:37)*. Imagina el duelo profundo de un sueño de Dios no alcanzado al ofrecernos salvación sin tener que hacer nada más que reposar y en completa paz confiar en Él y después de semejante ofrecimiento eterno, sentirse rechazado. Como nos muestra el libro de ***Isaías 30:15*** *Porque así dijo Jehová el Señor, el Santo de Israel: En descanso y en reposo seréis salvos; en quietud y en confianza será vuestra fortaleza.* ***Y no quisisteis"***

Además, reflexionemos sobre el hecho de que Dios mismo experimentó la muerte de Su Hijo. La crucifixión de Jesús fue no solo un momento de angustia física sino también de profundo dolor espiritual y emocional para el Padre. Este acto supremo de sacrificio es un testimonio del profundo amor de Dios y de Su capacidad para comprender nuestro dolor.

Del mismo modo, Jesús vivió la experiencia de un anhelo no cumplido. A lo largo de Su ministerio, Jesús extendió sus brazos a Su pueblo, ofreciendo amor, salvación y restauración. Sin embargo, como se narra en ***Juan 1:11***, *"A lo suyo vino, y los suyos no le recibieron"*. Este rechazo por parte de aquellos a quienes vino a salvar debe haber causado un dolor inmenso, un duelo por un anhelo de reconciliación y unión que no fue correspondido.

Estos ejemplos nos ayudan a comprender que nuestro dolor y nuestra pérdida son compartidos profundamente por Dios.

Él no es un observador distante, sino un participante activo en nuestras experiencias de vida, ofreciéndonos Su consuelo, Su presencia y Su amor incondicional. En cada lágrima derramada, en cada sueño no realizado, Dios está con nosotros, comprendiendo completamente nuestro dolor y extendiéndonos Su mano de consuelo y esperanza.

Es crucial entender la importancia de vivir el duelo sin perder el gozo. Aquí es donde la distinción entre gozo y alegría se hace evidente. La alegría es a menudo una respuesta a circunstancias felices y gratificantes, una emoción que surge de experiencias placenteras. El gozo, en cambio, es más profundo y no depende de las circunstancias. Es un estado del alma, una serenidad y paz que proviene de saber que estamos en las manos de Dios, sin importar las pruebas que enfrentemos.

El gozo cristiano es saber que, aun en medio del duelo más profundo, no estamos abandonados. Es una comprensión que trasciende el dolor inmediato y se arraiga en una relación profunda y constante con Dios. Este gozo nos da la fortaleza para enfrentar nuestras pérdidas, sabiendo que hay un propósito mayor y una esperanza que va más allá de nuestra comprensión presente.

En este proceso, cada lágrima que derramamos es valiosa a los ojos de Dios. Como se menciona en el ***Salmo 56:8b***, *"Pon mis lágrimas en tu redoma; ¿No están ellas en tu libro?"*

Esta imagen poética nos asegura que Dios no solo está al tanto de nuestro sufrimiento, sino que también recoge nuestras lágrimas como un testimonio de nuestras experiencias. No se pierde ni una sola lágrima, ni se pasa por alto un solo momento de dolor. En la economía de Dios, nuestras lágrimas no son monedas devaluadas, más bien portan muchísimo valor para

Él. Cada aspecto de nuestra vida, incluido nuestro duelo, tiene significado y propósito en el plan eterno de nuestra existencia, recordándonos que no somos seres físicos con una necesidad espiritual, sino que, somos seres espirituales con una sentido físico temporal.

Esta comprensión de gozo en medio del duelo, no niega ni minimiza nuestro dolor, sino que nos proporciona una perspectiva más amplia en la que podemos experimentar la tristeza mientras mantenemos una esperanza inquebrantable y una paz que solo Dios puede dar. Este gozo nos sostiene, nos guía y finalmente nos lleva a una mayor profundidad en nuestra relación con Dios, incluso en medio de las tormentas de la vida.

¿Cómo Viven Nuestro Duelo los Demás?

En el proceso de duelo, es crucial reconocer que, aunque estemos sumergidos en nuestro propio dolor, seguimos rodeados de personas que forman parte de nuestra vida diaria. A menudo, puede resultar desafiante comunicar y hacer comprender a los demás la profundidad de nuestro dolor, lo que puede llevar a un aislamiento que, aunque parezca justificado, puede agravar nuestro sufrimiento.

Este aislamiento, si bien puede ser una respuesta natural al dolor intenso, puede tener consecuencias adversas. La soledad prolongada durante el duelo puede intensificar sentimientos de tristeza y desesperanza, y en algunos casos, puede llevar a desenlaces más graves y preocupantes. Por lo tanto, es vital buscar el equilibrio entre vivir nuestro duelo de manera personal y permitir que otros nos acompañen en nuestro camino hacia la sanación.

La Biblia nos muestra la importancia de la comunidad y el apoyo mutuo en tiempos de dolor. Como dice **Eclesiastés 4:9-10**, *"Dos son mejor que uno, porque tienen mejor paga de su trabajo. Porque si cayeren, el uno levantará a su compañero; pero ¡ay del solo! que cuando cayere, no habrá segundo que lo levante"*. Este pasaje enfatiza la importancia de compartir nuestras cargas y apoyarnos mutuamente, especialmente en momentos de dolor y duelo.

En la práctica, esto significa encontrar formas de expresar nuestro dolor y permitir que los demás entiendan y compartan nuestra experiencia. Puede implicar conversaciones honestas con amigos y familiares, participación en grupos de apoyo, o incluso buscar la ayuda de tu líder espiritual que no solamente te mande a orar, sino que, apegado a los principios bíblicos, pueda darnos palabras de aliento oportunas o tan solo silencio y compañía. Al abrirnos a los demás y compartir nuestro duelo, no solo encontramos consuelo y comprensión, sino que también ofrecemos a otros la oportunidad de brindarnos su amor, apoyo y presencia, elementos fundamentales para una sanación saludable y completa.

El autor David Kessler, conocido por su trabajo en el campo del duelo, señala que "el duelo debe ser presenciado". Comunicar nuestro dolor no es un acto de debilidad, sino una valiente afirmación de nuestra humanidad y de nuestra necesidad de conexión. Al compartir nuestro dolor, invitamos a otros a comprender nuestra experiencia, a empatizar y, en última instancia, a ayudarnos a llevar nuestra carga. No se trata de vender una postura de conmiseración, sino de hacernos ver vulnerables.

Una forma de hacer entender a las personas cercanas nuestro

proceso de duelo es a través de la honestidad emocional. Esto significa expresar abierta y sinceramente nuestros sentimientos, sin temor a ser juzgados o malinterpretados. Otra autora que investigué para este tema llamada Brené Brown, experta en vulnerabilidad, escribe que "La vulnerabilidad es el núcleo, el corazón, el centro de experiencias humanas significativas". Al ser vulnerables acerca de nuestro duelo, permitimos que otros vean nuestra autenticidad y nos acompañen en nuestro camino.

El **Salmo 62:8b** nos invita a derramar nuestro corazón ante Dios, una enseñanza valiosa que nos recuerda la importancia de ser abiertos y vulnerables en nuestro dolor. *"Derramad delante de él vuestro corazón; Dios es nuestro refugio."*

Esta práctica, ejemplificada por el rey David, nos anima a compartir honestamente nuestras emociones y experiencias, permitiendo que otros comprendan y se unan a nuestro proceso de duelo.

David, en sus salmos, expresaba su angustia, sus luchas y sus esperanzas, mostrando un corazón transparente ante Dios. Esta vulnerabilidad es algo que yo mismo he experimentado al componer canciones. Al igual que los salmos, mis composiciones a menudo llevan un dolor intrínseco en cada verso. Este acto de expresión emocional no solo es catártico para mí, sino que también puede resonar profundamente con otros, tocando sus corazones de maneras inesperadas.

Al compartir nuestro dolor de esta manera, ya sea a través de la escritura, la música, la pintura, o cualquier otra forma de expresión artística, brindamos a otros la oportunidad de ver una parte de nuestra alma que normalmente permanecería oculta. Esto no solo nos ayuda a procesar nuestras emociones, sino que también permite que otros sientan empatía, conexión y consuelo en sus propios viajes. La vulnerabilidad y la honestidad en el duelo, por lo tanto, se convierten en un puente que une corazones y fomenta un sentido de comunidad y apoyo mutuo.

Además, hoy logro comprender la importancia del compañerismo dentro de la iglesia durante los procesos de duelo, lo cual es fundamental. La iglesia no solo ofrece un espacio de consuelo y oración, sino que también brinda una comunidad de apoyo, donde se pueden compartir cargas y experiencias. El apoyo mutuo en estos momentos difíciles es una expresión tangible del amor de Cristo, que nos llama a *"llevar los unos las cargas de los otros"* **Gálatas 6:2.** Reflexionando sobre nuestra experiencia actual en la iglesia, donde hemos encontrado una verdadera sensación de comunidad y fraternidad, no puedo evitar pensar en la intensa soledad que atravesamos en los últimos cinco años. Durante ese tiempo, nos aislamos bajo la creencia equivocada de que estábamos protegiendo nuestros corazones de ser nuevamente heridos o defraudados. Este aislamiento se hizo más evidente y doloroso, especialmente cuando mi esposa tuvo que lidiar con el duro proceso de duelo tras la inesperada muerte de mi suegra. Proceso por el cual yo tenía pocas herramientas de apoyo para ella y para nuestro hijo que apenas tenía 2 años.

Esa época de aislamiento contrasta fuertemente con el calor y el apoyo que ahora experimentamos en nuestra iglesia. La comunidad que hemos encontrado nos ha enseñado el valor de compartir nuestras cargas y alegrías con otros. Me doy cuenta de lo beneficioso que hubiera sido para nosotros, y especialmente para mi esposa durante su duelo, contar con el apoyo y la comprensión de una comunidad como la que ahora tenemos. Esta experiencia nos ha mostrado la importancia de no alejarnos, incluso cuando nos sentimos vulnerables o heridos, y nos recuerda la fuerza que se encuentra en la hermandad y el apoyo mutuo dentro de la familia de la iglesia.

Un acto tan sencillo como tomar un café con alguien dispuesto a escuchar nuestras historias puede ser profundamente consolador. Justo como lo hizo Rodri conmigo, cuando lo llamé para contarle por lo que estábamos pasando y que expliqué en la introducción de este libro. Sin ese café, no estaría escribiendo este devocional. Se trata de mostrar disposición y dar seguimiento en oración. Estos momentos de compañerismo actúan como puentes que permiten a otros entrar en nuestro mundo, comprendiendo mejor la profundidad de nuestro dolor y nuestra pérdida.

La historia de Noemí y Rut en el libro de Rut es un ejemplo conmovedor de este tipo de compañerismo. Rut, a pesar de su propio dolor y la posibilidad de un futuro incierto, elige quedarse con Noemí y acompañarla en su regreso a Belén. Este acto de lealtad y amor se refleja en sus palabras: *"A dondequiera que tú vayas, iré yo; y dondequiera que vivas, viviré. Tu pueblo será mi pueblo, y tu Dios mi Dios"* **Rut 1:16**. Rut y Noemí comparten un camino de duelo y restauración, demostrando cómo el apoyo mutuo y la presencia constante pueden ser fuentes de fortaleza y consuelo.

De manera similar, en nuestra vida eclesial, podemos crear espacios para compartir estas experiencias. Las reuniones de oración, los grupos pequeños de crecimiento o incluso los encuentros informales pueden convertirse en lugares seguros donde expresar el dolor de manera contenida recordando que nuestro gozo debe fundamentarse en el poder que Cristo nos da para sobrellevar nuestras aflicciones, compartir las cargas y encontrar consuelo en la comunidad de fe. Estos momentos compartidos no solo nos ayudan a procesar nuestro duelo, sino que también nos recuerdan que no estamos solos en nuestro viaje. La iglesia, como cuerpo de Cristo, está llamada a ser un lugar de sanación y esperanza, donde cada miembro puede encontrar amor, aceptación y apoyo en los momentos más oscuros de la vida.

Por tanto, al igual que Rut y Noemí encontraron consuelo y fortaleza en su mutua compañía, nosotros también podemos encontrar en nuestra comunidad de fe el apoyo necesario para atravesar los valles del duelo. Al abrirnos y compartir nuestros rituales de duelo, permitimos que otros caminen con nosotros, brindándonos su presencia, su oración y su comprensión, reflejando así el amor y la compasión de Dios en medio de nuestro dolor. ¿Qué pasa si estás leyendo esto y no vas a ninguna Iglesia? Yo te recomendaría buscar una, pero que, aunque no esté cerca de tu casa, esté cerca de la Biblia. En medio de tu duelo y para contrarrestar tu ansiedad, necesitas paz, no entretenimiento cristiano, necesitas paz, no hacer nuevos amigos cristianos, necesitas paz, no solo mensajes de autoayuda, y esa paz solo proviene de Cristo, y quien lo predique debe realmente conocerlo.

Otra cosa que aprendimos como familia durante el proceso de duelo de mi esposa, es que es importante establecer límites claros. Algunas personas pueden querer ayudar, pero sus intentos pueden resultar abrumadores o inapropiados. La escritora Anne Lamott sugiere que, en tiempos de crisis, debemos ser capaces de decir "no" con amor, pero firmeza, a aquello que no nos sirve. La historia de la mujer sunamita, que se encuentra en *2 Reyes 4:8-37*, ofrece una perspectiva única sobre el proceso de duelo y cómo nos relacionamos con Dios en momentos de profundo dolor.

La sunamita había recibido un hijo como promesa del profeta Eliseo, pero este niño muere repentinamente. La reacción de la mujer es notable. En lugar de desesperarse abiertamente o buscar consuelo en otros, decide ir directamente a Eliseo. A pesar de su inmenso dolor, cuando la gente le pregunta cómo está, su respuesta es simplemente *"Bien"* ***2 Reyes 4:26***. Esta actitud refleja una fe profunda y una determinación de llevar su carga directamente a Dios, representado aquí por Su profeta, Eliseo.

Su decisión de no hablar de su dolor con nadie hasta llegar a Eliseo puede interpretarse de varias maneras. Por un lado, podría verse como una manifestación de su fe firme en que solo Dios, a través de Su profeta, podía remediar su situación. Por otro lado, también puede reflejar una comprensión de que, en momentos de angustia profunda, a veces nuestras palabras pueden ser mal interpretadas o insuficientes para expresar la magnitud de nuestro dolor.

Esta historia nos enseña que, en nuestro duelo, podemos sentir la tentación de buscar simpatía o atención de los demás como una forma de aliviar nuestra carga. Sin embargo, la actitud de la sunamita nos muestra que a veces es más poderoso y efectivo llevar nuestras preocupaciones, quejas y dolor directamente a Dios. Esto no significa que no debamos buscar apoyo en otros, sino que nuestro primer refugio y nuestra máxima esperanza se encuentran en Dios.

Así como la sunamita se presentó ante Eliseo con su dolor, reclamando la promesa que se le había hecho, nosotros también podemos acudir a Dios con honestidad y franqueza. Podemos en medio de nuestro conflicto, expresar nuestras dudas, frustraciones y preguntas, incluso si eso significa reclamarle a Dios en nuestra limitación humana. Esto es parte de una relación auténtica con Dios, donde no solo presentamos nuestras peticiones y gratitud, sino también nuestras luchas y desafíos. Si lo hizo el rey David, conocido por su profunda sinceridad y apertura en sus conversaciones con Dios, y que a menudo expresó sus sentimientos de frustración, desespero y angustia en los salmos, con expresiones tales como: *"¿Hasta cuándo Jehová?"*, *"¿Por qué te escondes en tiempos de angustia?"*, o *"¿Por qué te olvidas de mí?"*, *"¡Despierta! ¿Por qué duermes, Señor?"*, o, *"¿Por qué, oh Jehová, te alejas?"*, surge la pregunta: ¿es David un hereje irrespetuoso, o es un verdadero amigo de Dios que siente libertad de expresar en sus canciones frustración humana y vulnerabilidad? Si David, quien la Biblia nos enseña que era un hombre conforme al corazón de Dios lo hizo, ¿cómo no podríamos hacerlo nosotros?

Antes de Su crucifixión, Jesús buscó un espacio de soledad para orar y enfrentar Su angustia y dolor ante lo que estaba por venir. Jesús, profundamente angustiado, expresa Su dolor y temor a Dios, diciendo: *"Padre mío, si es posible, pase de mí esta copa; pero no sea como yo quiero, sino como tú"*. **Mateo 26:39** Esta escena muestra la humanidad de Jesús, Su necesidad de comunión con el Padre en medio de Su sufrimiento, y Su sumisión final a la voluntad de Dios, a pesar de Su propio deseo de evitar el dolor y la muerte que se avecinaban.

Este ejemplo de Jesús es significativo para todos los que enfrentan el duelo. Nos enseña la importancia de buscar tiempos de soledad para estar con Dios, expresar nuestro dolor y luchar con nuestras emociones más profundas. Al mismo tiempo, nos muestra la importancia de someternos a la voluntad de Dios, confiando en que Él nos acompañará y nos dará la fuerza necesaria para enfrentar nuestras pruebas.

Es fundamental recordar que cada persona vive el duelo a su manera. Como Elisabeth Kübler-Ross, pionera en estudios sobre el duelo, destacó: No hay una "manera correcta" de vivir el duelo. Comunicar esto a nuestros seres queridos puede ayudar a establecer expectativas realistas y a fomentar un ambiente de apoyo y comprensión. En la Biblia, vemos cómo María Magdalena vivió su duelo de manera única, lo que la llevó a un encuentro transformador con Jesús resucitado *Juan 20:11-18*.

Dios se encuentra con cada uno de nosotros de manera personal y compasiva en nuestro duelo, respetando nuestras experiencias individuales y guiándonos hacia la sanación.

Cuando mi esposa atravesó el doloroso proceso de duelo por la pérdida de mi suegra, parecía como si una parte vital de ella se hubiera ido junto a su madre. Me sentía impotente, a menudo sin saber qué decir, y este sentimiento se intensificaba por el dolor que yo también experimentaba, ya que tenía un gran cariño por ella. Esta situación nos sumergía en una profunda ansiedad.

En medio de este periodo difícil, mi esposa compartió en sus redes sociales un texto que encontró, cuyo autor desconocemos, pero que resonó profundamente en mí. Era una guía práctica para quienes rodean a personas en duelo, y me iluminó sobre cómo ser de apoyo y entender su proceso de una manera práctica y empática. Quiero compartir este texto contigo, esperando que te brinde consuelo o te sirva para ayudar a otros en su propio proceso de duelo. Lo he adaptado ligeramente para incluir a Dios y su absoluta suficiencia en estos momentos difíciles.

Este texto es una herramienta valiosa para aquellos que, como yo, buscan maneras de apoyar efectivamente a seres queridos que atraviesan el duelo. Refleja la importancia de comprender y respetar el proceso individual de cada persona, así como la necesidad de integrar nuestra fe y confianza en Dios durante estos tiempos de prueba. Espero que, al igual que a nosotros, te brinde una perspectiva reconfortante y útil en estos momentos de necesidad.

CARTA DE UNA PERSONA EN PROCESO DE DUELO

Hola,

Quería hablar contigo un momento, corazón a corazón. Estoy pasando por algo muy duro, y hay cosas que me gustaría compartir contigo sobre cómo me siento. No te pido que me des un trato especial. No tengo ninguna enfermedad, tampoco tienes que alejarte de mí, sólo me gustaría que tomarás en cuenta algunos aspectos de mi proceso, pues me está tocando vivir una de las experiencias más difíciles de la vida, la muerte de un ser amado.

Por favor, no evites mencionar su nombre. Aunque ya no está aquí, sigue siendo una parte importante de mí. Me reconforta saber que también lo recuerdas. Me gusta darme cuenta que mantienes presente su cumpleaños y aniversarios.

Quiero que sepas que tal vez experimentaré en un mismo día distintas emociones. De pronto me vas a ver reír y vibrar de alegría al recordarle y unos minutos después, llorar por su ausencia. Un día proyectaré tranquilidad y buen humor, y quizá al día siguiente nada tendrá sentido para mí. Te pido que me des espacio para ser libre con mis emociones, aún estoy aprendiendo a manejarlas.

Sé que me quieres y te preocupas por mí, pero por favor, no me presiones dándome ánimo. Si por momentos me ves ausente, es porque mi mente y corazón viajaron a otro espacio donde puedo ver sus ojos, abrazarle, sentir su aroma, escuchar su voz y contemplar su sonrisa.

Considera que lo que me ha pasado es difícil, no lo compares a otra situación que te haya sucedido a ti. Perder a un ser amado no es igual a ningún otro evento, cada proceso al igual que cada persona, es único. Por favor, no hagas comparaciones.

Ten en cuenta que, a pesar de que estoy trabajando en trascender mi duelo y procesar mis emociones, no sé cuánto tiempo pueda durar esto en mí. No te desesperes, sólo dame tiempo, aún no sé cuánto.

Estoy consciente que el mundo sigue girando y no se detiene ante mi dolor, pero por favor, no me consueles con frases como: "tienes que ser fuerte", "échale ganas", "la vida sigue". Ni tampoco con explicaciones teológicas, no me digas: "Dios necesitaba un ángel", "fue la voluntad de Dios", "ya dejó de sufrir", "todo tiene un por qué o un para qué". Si no tienes nada que decir, solo acompáñame y no digas nada.

Estoy descubriendo cosas sobre mi fe y sobre mí en este proceso. Pueden surgir muchas preguntas y dudas, y necesito sentir que está bien expresarlas sin sentir que me juzgan.

Estoy sintiendo todo esto no solo en mi corazón, sino también en mi cuerpo. Mi apetito y mi sueño pueden estar en todas partes. Solo estoy tratando de mantenerme a flote.

Solo quería que supieras esto. Gracias por estar ahí, por escucharme y por esos abrazos que llegan en el momento justo.

No te lo tomes personal, sólo escúchame, cuéntame cosas lindas que en este momento tú sí puedes apreciar, acompáñame a veces en silencio, tómate un café conmigo, dame un largo abrazo y trata de conocerme otra vez.

Pero sobre todas las cosas, no me sueltes en oración, aunque yo no me entere que lo estás haciendo.

Con cariño,

Un doliente.

Sin lugar a dudas, encontró paz en medio de su ansiedad

La gracia y la misericordia de Dios nunca abandonaron a mi amiga Ghislaine; ella, que tanto buscó respuestas en el ocultismo, finalmente encontró en Dios el alivio y la paz que su alma anhelaba. Aunque a veces, todavía hoy, se encuentra con el desafío de enfrentar a la tristeza y ansiedad que siguen tocando su puerta de vez en cuando con el sonido imaginario e inaudible del llanto de la pequeña Frida, su fe, que no viene de ella sino que le es dada, ahora firme y clara, le permite reposar en Dios, para encontrar de nuevo la paz en medio de esos pensamientos y emociones, comprendiendo que, dentro de Su soberanía divina, Dios permitió el doloroso camino y la pérdida de Frida no como un castigo, sino como un medio para guiarla hacia una vida regida ya no por sus propios criterios, sino por los de Él. Dios Padre, como lo hizo con Su Hijo, a veces requiere de una vida inocente y limpia, para salvar a otra desobediente y pecadora. En Jesucristo, Ghislaine ha encontrado una salvación preciosa, un tesoro que guarda en su corazón con la certeza de que un día se reunirá con su hija. El duelo prolongado le impedía ver que Frida, no podría regresar ni manifestarse a ella de manera paranormal, pero ella, sí podría volver a su hija en la eternidad, en la presencia de Quien pensó en ambas, antes de la fundación del mundo.

*"Mas David, viendo a sus siervos hablar entre sí, entendió que el niño había muerto; por lo que dijo David a sus siervos: ¿Ha muerto el niño? Y ellos respondieron: Ha muerto. Entonces David se levantó de la tierra, y se lavó y se ungió, y cambió sus ropas, y entró a la casa de Jehová, y adoró. Después vino a su casa, y pidió, y le pusieron pan, y comió. Y le dijeron sus siervos: ¿Qué es esto que has hecho? Por el niño, viviendo aún, ayunabas y llorabas; y muerto él, te levantaste y comiste pan. Y él respondió: Viviendo aún el niño, yo ayunaba y lloraba, diciendo: ¿Quién sabe si Dios tendrá compasión de mí, y vivirá el niño? Mas ahora que ha muerto, ¿para qué he de ayunar? ¿Podré yo hacerle volver? Yo voy a él, mas él no volverá a mí." **2 Samuel 12:19-23**

Muchas veces, aún hoy, escucho la voz de mi suegra. Pero tranquilos, no se trata de una visita paranormal, sino de un momento especial. Mientras trabajo en mi estudio, mi esposa reposa en su cama y navega por las fotos y videos de doña Flory, quien la llamaba cada mañana para hablar con Santi y, en algunas ocasiones, Paula grabó con su celular esos intercambios matutinos de profundo amor de abuela. En ese entonces, no entendíamos el valor del tesoro que se estaba documentando en cada uno de esos momentos, pero hoy, esos videos son invaluables y es una bendición poderlos revisitar de vez en cuando para que, no solo permitan a mi esposa mantener vivo su recuerdo, sino que también permitan a Santi revivir siempre el gran amor que su abuelita sentía por él.

¿Creen ustedes que me acerco a Paula para sugerirle que mejor no los vea con el fin de que no se sienta triste? Para nada, más bien todo lo contrario. Dejo que el sonido de la voz de su amadísima madre la arrulle mientras, entre lágrimas de tristeza y profunda añoranza, pueda quedarse dormida esperando poder soñar con ella. Y yo, del otro lado, en mi estudio, sin que ella se dé cuenta, bajo el volumen de todo lo que me pueda distraer, escucho de lejos también la voz de mi suegra jugueteando a carcajadas con Santi cuando estaba del otro lado de la línea, y en silencio lloro, porque también la extraño, imaginando todo lo que le faltó poder disfrutar a sus nietos. Y ahí es cuando pienso que, ni el amor más grande por ellos o por sus hijos, se compararía al gozo indescriptible de poder llegar a ver de frente, cara a cara a Su Redentor y Salvador, ¿se imaginan ese momento? Hasta envidia me da. Desafortunados nosotros que seguimos esperando que llegue ese momento.

Después de recordarla y escuchar su dulce voz, con la misma esperanza de un Dios que cumple todas Sus promesas, seguimos adelante, reconfortados en que Su Palabra se cumplirá.

"Tampoco queremos, hermanos, que ignoréis acerca de los que duermen, para que no os entristezcáis como los otros que no tienen esperanza. Porque si creemos que Jesús murió y resucitó, así también traerá Dios con Jesús a los que durmieron en él."
1 Tesalonisenses 4:13-14

Una canción de paz para tu alma.

Es indiscutible el poder que tienen las canciones de cuna para poder lograr que los bebés duerman. La música en general tiene un poder especial de dar sosiego al espíritu. La revista científica "Greater Goods", publicó uno de los estudios realizados sobre este tema, el cual indica que escuchar música y cantar juntos puede impactar directamente en los neuroquímicos del cerebro, muchos de los cuales juegan un papel crucial en la conexión social y emocional. En particular, se ha demostrado que la música puede liberar endorfinas, lo que puede aumentar los umbrales de dolor y promover emociones positivas, contribuyendo así a una mayor sensación de bienestar y conexión social, logrando con ello aliviar procesos difíciles de vulnerabilidad, tristeza y profundo dolor en el proceso del duelo.

Quiero cerrar este capítulo dándole una verdadera **Melatonina a tu Alma**. Es posible que este capítulo haya tocado tus fibras hasta las lágrimas como lo ha hecho conmigo mientras lo escribo y lo repaso.

En lo que pareciera ser un injusto y doloroso universo del duelo, donde las sombras de la pérdida y el dolor parecen infinitas, surge una historia que ilumina como una estrella en la noche más oscura, no sin tener una narrativa melódica de profundo dolor con una armonía de paz que vendría de una situación poco armoniosa. Es la historia de Horatio Spafford, un hombre cuya vida fue marcada por tragedias tan profundas que cualquier otro podría haber sucumbido al abismo de la desesperación. Sin embargo, de estas sombras nació una luz, un himno de fe y esperanza que resonaría a través de muchas generaciones.

Siendo un exitoso abogado inmobiliario y hombre de negocios de Chicago, parecía tenerlo todo. Pero en 1870, su mundo empezó a desmoronarse. Primero, perdió a su hijo primogénito de cuatro años, debido a una fiebre escarlatina. Tan solo un año después, el Gran Incendio de Chicago devastó su fortuna, dejando a su familia en una situación precaria. En medio de esta adversidad, Spafford y su esposa Anna decidieron buscar consuelo y propósito ayudando en las campañas evangelísticas de su amigo, D. L. Moody, en Europa.

En 1873, la familia planeó su partida al viejo continente, pero los negocios detuvieron a Horatio, quien envió a su esposa y cuatro hijas adelante, prometiendo reunirse con ellas pronto. Fue en este viaje que el destino golpeó con mayor fuerza. El barco en el que viajaban, el *SS Ville du Havre*, chocó con otro navío y se hundió en el Atlántico. Las cuatro hijas de Spafford se ahogaron, mientras Anna sobrevivió milagrosamente y envió un doloroso telegrama a su esposo con las palabras: *"Saved Alone" (Salvada sola)*

La noticia fue devastadora. Con el corazón destrozado, Spafford se embarcó de inmediato para reunirse con su esposa. Mientras cruzaba el Atlántico, el capitán del barco le indicó el lugar donde el SS Ville du Havre se había hundido poco tiempo atrás, como un gesto que le permitiera a Horatio darle algún tipo de "sepultura" emocional a sus hijas. Fue en ese momento, rodeado por las aguas que se llevaron a sus hijas, que Spafford encontró una paz inexplicable. En ese lugar, donde cualquier otro habría encontrado desesperación, él encontró consuelo en su fe, sacó un pedazo de papel y escribió las palabras del himno *"It Is Well with My Soul"* que luego en español se traduciría como *"Estoy bien con mi Dios"*.

Todavía me cuesta explicar con palabras lo que esta canción logra en mi corazón cada vez que la escucho después de conocer la historia y la circunstancia a través de la cual fue compuesta. Imagina en medio de ese profundo dolor escribir una primera estrofa que literalmente al traducirla al español dice:

> "Cuando la paz, como un río, atiende mi camino,
> Cuando las penas como olas del mar se desploman;
> Cualquiera que sea mi destino, Tú me has enseñado a decir:
> Todo está bien, mi alma está bien con mi Dios."

Este himno, nacido del dolor más profundo, se convirtió en un canto de esperanza y resiliencia. Me ha enseñado que, incluso en los momentos de mayor oscuridad, el alma puede encontrar paz.

La historia de Horatio Spafford no es solo un testimonio de la fe, sino un recordatorio de que, en el duelo, cuando nos enfrentamos a la pérdida más grande, podemos hallar una serenidad interior que nos permite decir, contra toda lógica:

"Mi alma está bien con mi Dios".

La historia de este abogado tiene un paralelismo impresionante con la historia de Job en la Biblia, quien también se le permitió pasar por pruebas casi inimaginables, perdiendo todo lo que poseía y practicamente a todos los que amaba. Sin embargo, en su dolor y sufrimiento, Job también encontró una forma de mantener su fe y su conexión con Dios, diciendo: *"El Señor dio, y el Señor quitó; bendito sea el nombre del Señor". Job 1:21*

Esta capacidad de encontrar paz y aceptación en medio del sufrimiento es algo que podemos aprender de estas historias. Ambas nos enseñan que, aunque el dolor y la pérdida son inevitables, nuestra respuesta a estas experiencias puede transformar nuestra perspectiva y nuestra vida. Horatio Spafford y Job nos muestran que incluso en nuestros momentos más oscuros, podemos encontrar un propósito, una esperanza y una conexión más profunda con lo divino.

Podrías decir: "pero Luis Alonso, tú no tienes idea de lo que estás hablando, porque nunca has perdido a un hijo", y tienes razón. De hecho, en mi búsqueda por una palabra que pudiera envolver la crisis emocional que enfrentan las personas en su proceso de duelo, se me hizo fácil encontrar que cuando un cónyuge pierde a su contraparte, queda *viudo*, y cuando un hijo pierde a sus padres, queda *huérfano*. Sin embargo, va tan en contra del proceso natural de la vida que los padres pierdan a sus hijos, que no encontré ninguna palabra en ningún idioma contemporáneo que lo pudiera explicar. La única que encontré fue *"Vilomah"* en sánscrito, un antiguo idioma indoeuropeo originario del subcontinente indio, que significa *"contra el orden natural"*, reflejando la idea de que los padres no deberían enterrar a sus hijos. Esto seguramente se debe a que la magnitud de esta pérdida es tan inmensa y devastadora que es difícil encapsularla en una sola palabra. La ausencia de un término específico refleja la profundidad del dolor y la anomalía de esta experiencia en el ciclo de vida esperado. Tal vez esta perspectiva nos ayude a entender el profundo dolor que sintió Dios Padre al ver a Su hijo crucificado, muriendo por causa de un corazón roto, por culpa de tu pecado y del mío.

Por eso, tal vez, no importa en qué dirección del vínculo afectivo estés enfrentando este doloroso proceso, tu duelo te está impidiendo encontrar en este momento un propósito en medio de una situación tan difícil. Sin embargo, quiero que prestes atención al desenlace en la historia de este matrimonio marcado por el dolor. Después de enfrentar tantas tragedias devastadoras, esta pareja de padres Horatio y Anna Spafford decidieron trasladarse a Jerusalén en 1881, donde establecieron una comunidad cristiana conocida como *"The American Colony"* (*La Colonia Americana*). Esta comunidad se dedicó a realizar obras de caridad, brindando asistencia a la población local sin discriminación religiosa o étnica. Durante y después de la Primera Guerra Mundial, la colonia se destacó por su labor humanitaria, proporcionando ayuda médica, alimentos y educación a quienes lo necesitaban.

La *"American Colony"* ganó mucho prestigio por su trabajo humanitario y se convirtió en un símbolo de paz y cooperación en una región históricamente conflictiva. La vida de Horatio y Anna en Jerusalén fue un testimonio de servicio y reconstrucción, encontrando una nueva misión, la que estaba prevista en el plan perfecto y soberano de Dios, en su dedicación a los demás tras sus pérdidas personales.

Después de la muerte de Horatio en 1888, Anna continuó con el trabajo de la colonia hasta su fallecimiento en 1923. Su legado perdura a través del *"American Colony Hotel"*, que sigue operando en Jerusalén, y mediante las historias de compasión y de lo que muchos llamarían resiliencia, pero que simplemente es la gracia de Dios en dos corazones llenos de Su Espíritu Santo, inspiraron a miles.

La dedicación de los Spafford al servicio humanitario es un poderoso testimonio de cómo la fe y la compasión pueden transformar el dolor en un legado duradero de amor y asistencia a los demás. En una suave melodía para el Alma que nos hace estar de acuerdo con Su soberanía.

Al cerrar este capítulo, te invito a cerrar también tus ojos. Permite que la paz, como una suave *melatonina para el alma*, te envuelva. Deja que el cansancio de tu corazón encuentre reposo en la certeza de que, a pesar de todo, puedes decirle a Dios: ***"Estoy bien"***, pero entendiendo que ese "estar bien", proviene de una realidad del alma todavía más profunda y compleja, lo que realmente estás diciendo es: ***"Estoy de acuerdo Señor con tu decisión, me duele muchísimo, pero estoy de acuerdo"***. *(Repítelo desde lo más profundo de tu corazón las veces que sea necesario)*

Ejercicio de Reflexión Consciente

Reflexiona sobre las pérdidas que has experimentado en tu vida. Estas pueden ser la pérdida de un ser querido, el fin de una relación significativa, una oportunidad perdida, o cualquier otra forma de pérdida que haya dejado un profundo impacto en ti.

- ¿Cómo han moldeado estas pérdidas tu vida, tus perspectivas y tu fe? Tómate un momento para reconocer el dolor y el cambio que estas experiencias han traído a tu existencia.
- Ahora, desplaza gentilmente tu enfoque para considerar cómo Dios ha estado presente incluso en estos tiempos difíciles. Puede que no siempre haya sido evidente, pero retrospectivamente, ¿puedes identificar momentos en los que sentiste un sentido de presencia divina, guía o consuelo?
- ¿De qué manera has experimentado la consolación de Dios durante tus momentos de duelo y pérdida? Intenta recordar instancias o sentimientos específicos que te hayan brindado consuelo o una sensación de paz, incluso en medio de la turbulencia.
- Reflexiona sobre el papel de la oración, las Escrituras y la comunidad en tu viaje a través del duelo. ¿Cómo estos aspectos de tu fe han proporcionado apoyo y consuelo? Reflexiona sobre las palabras, pasajes o personas que han sido luces en tiempos oscuros.
- Considera escribir tus pensamientos, emociones y reflexiones en un diario. Expresar tus sentimientos en papel puede ser una forma terapéutica de procesar tus emociones y reconocer la presencia de Dios en tu

camino. Alternativamente, puedes elegir hablar tus reflexiones en voz baja pero audible para ti mismo, como si estuvieras en oración o conversación con Dios. Este acto de vocalizar tus pensamientos puede ayudar a solidificarlos en tu corazón y mente.

Al concluir este ejercicio, dedica unos momentos a la meditación silenciosa, ofreciendo gratitud por la fuerza y el consuelo que has recibido, confiando en el amor inquebrantable y la presencia de Dios en tu vida.

Recuerda, este ejercicio no es un evento único sino una práctica a la que puedes volver siempre que necesites reflexionar sobre tus experiencias de pérdida y consuelo. Cada vez que te involucres en este proceso reflexivo, es posible que descubras nuevas percepciones y entendimientos más profundos del papel de Dios en tu vida y tu capacidad de resiliencia ante la adversidad.

Bien Hecho

La Biblia nos enseña en *1 Pedro 5:7* que *"echando toda vuestra ansiedad sobre él, porque él tiene cuidado de vosotros"*. Esta escritura nos invita a liberarnos de nuestras cargas de dolor y ansiedad, confiándolas a Dios, quien nos ama y cuida de nosotros. Ahora estás listo para orar.

» Oración

"Padre Celestial, en estos momentos de duelo y pérdida, acudo a Ti buscando consuelo y fortaleza. Me aferro a la promesa de

que cada lágrima que derramo es preciosa a tus ojos. Gracias por tu cuidado compasivo, por recoger mis lágrimas y conocer la profundidad de mi dolor.

Te pido, Señor, que en medio de mi tristeza, pueda experimentar el gozo que solo Tú ofreces, un gozo que no depende de mis circunstancias, sino de tu presencia constante en mi vida. Ayúdame a encontrar tu paz en medio de la tormenta, una paz que me sostiene y me guía a través de esta oscuridad.

Transforma mi dolor en una oportunidad para crecer en Ti y para consolar a otros con la misma compasión que Tú has mostrado hacia mí. Que mi corazón se mantenga abierto a tu amor y gracia, y que, incluso en mi duelo, pueda ser un testigo de tu bondad y fidelidad.

Te doy gracias por estar siempre cerca de los quebrantados de corazón y por salvar a los espíritus abatidos. Todo te lo pido y te doy las gracias en el nombre de Jesús, Amén."

» Meditación Final para Dormir

Al terminar este día, busca crear un espacio de tranquilidad y paz en tu entorno. Apaga los dispositivos electrónicos y permítete un momento para estar en silencio. Medita en la promesa de Dios de estar contigo en momentos de dolor y pérdida. Una confianza renovada en el cuidado y el amor incondicional de Dios. Deja que estas palabras sean las últimas en tu mente antes de dormir, confiando en que Dios está cuidando de ti. Aquí está tu melatonina para el alma:

"En paz me acostaré, y así mismo dormiré; porque solo tú, Jehová, me haces vivir confiado." **Salmo 4:8**

CAPÍTULO 7
ANSIEDAD EN UN MUNDO CONVULSO: "UNA SOCIEDAD BADBUNNYZADA"

¿Qué dice la Palabra de Dios?

"Mas como en los días de Noé, así será la venida del Hijo del Hombre. Porque como en los días antes del diluvio estaban comiendo y bebiendo, casándose y dando en casamiento, hasta el día en que Noé entró en el arca, y no entendieron hasta que vino el diluvio y se los llevó a todos, así será también la venida del Hijo del Hombre."

Mateo 24:37-39

Reflexión

En 2018, me vi inmerso en una de las experiencias más desafiantes y reveladoras de mi vida. Como cabeza de una agencia de producción audiovisual, mi equipo y yo nos embarcamos en una aventura política, apoyando la campaña de un candidato nuevo de un partido confesional, en las elecciones nacionales. Esta oportunidad no solo fue un desafío profesional, sino también una prueba de fe y convicción.

Las elecciones en mi país suelen estar dominadas por partidos tradicionales, respaldados por fuertes inversiones mediáticas. Sin embargo, impulsados por una mezcla de mística y denuedo, y con la cercanía personal que compartimos con el candidato, nos lanzamos al ruedo. A partir de diciembre de 2017, comenzamos un intenso viaje de comunicación y estrategia política.

La campaña fue un torbellino. Desde un modesto 2% en las encuestas, nuestro candidato logró un sorprendente avance, posicionándose firmemente en la contienda, ganando la primera ronda. Diferentes coyunturas políticas, pero sobre todo, un trabajo arduo y lleno de mística, lograron un resultado inesperado. Sin embargo, en la segunda ronda, un cambio radical de estrategia y otros factores desafortunados resultaron en la derrota del candidato, permitiendo la continuidad de un partido oficialista con políticas contrarias a nuestras convicciones, principios y valores.

Tras el ajetreo electoral, llegó el momento de hacer cuentas. A pesar de los logros legislativos alcanzados, con 14 diputados electos, nos enfrentamos a una realidad desoladora: el fundador del partido, un líder religioso, decidió no pagar por nuestro trabajo y denunciar a su propio candidato de haber sido partícipe de encabezar una estructura paralela, lo cual es un delito en nuestro país penado con cárcel. Darnos cuenta de que, después de tener su curul legislativa asegurada, el fundador del partido quería hundir políticamente a su propio candidato, quebrantando su credibilidad y prestigio, y con él, a todos los que trabajamos en la campaña, utilizando argumentos falsos, era desolador e incomprensible, sobre todo, viniendo de quienes llamamos "hermanos en la fe". Esta decisión nos dejó en un torbellino de ansiedad e incertidumbre emocional, pero sobre todo, en un limbo financiero y legal, desencadenando una serie de eventos que finalmente llevaron a la pérdida de la agencia y, lo más doloroso, nuestro hogar.

En medio de este caos, mi esposa, quien durante la segunda ronda se encargó de ser el enlace crucial entre la campaña y los medios, acompañó al candidato a lo largo y ancho del país, y además, estaba embarazada, lo que añadía una capa extra de ansiedad y preocupación a nuestra ya complicada situación. Sin embargo, en lugar de rendirme, mientras crecía Santi en su panza, yo corría entre abogados, magistrados del Tribunal Supremo de Elecciones y mi propia investigación: una indagación a fondo del escenario político que había experimentado. Y entonces, abrí la caja de pandora. Esta búsqueda de respuestas me llevó a descubrir realidades alarmantes sobre las agendas políticas internacionales, la corrupción y la manipulación de la opinión pública.

Mi desilusión se transformó en una motivación para crear un nuevo proyecto: un medio de comunicación bautizado como "Los Ignorantes", reflejando mi sentimiento de haber estado ciego ante la complejidad de la realidad política y social durante toda mi vida. La plataforma ganó tracción rápidamente, aunque no sin enfrentar la censura y la represión en las redes sociales, lo cual solo validaba las preocupaciones y denuncias que estábamos levantando.

Han pasado 5 años desde el primer episodio y a fines de 2023, mientras reflexiono sobre las causas y las fuerzas detrás de las agendas que desorientan al mundo provocándole tanta ansiedad, discierno una nueva dirección en mi espíritu. Dios ha estado moldeando mi entendimiento y propósito, llevándome a una nueva fase en esta batalla cultural. Este capítulo puede parecer un poco más extenso y pesado, pero es un tema crucial que a menudo ignoramos o miramos desde lejos, sin comprender su verdadera magnitud. Aquí estamos, en un punto de inflexión, listos para embarcarnos en una nueva etapa de revelación y acción, en la búsqueda de redescubrir el propósito inicial de Dios para nuestras vidas, uno que no añada tristeza, ni ansiedad.

Intentar abordar los problemas del mundo convulso sin Dios es como intentar salvar una casa en llamas enfocándose únicamente en la casa y olvidando rescatar a las personas atrapadas en su interior. Con frecuencia, la batalla cultural se centra en recuperar la cordura señalando y rechazando la locura de quienes abogan por la inmoralidad, pero olvidamos que Cristo vino a perdonar nuestros pecados, y no solo los nuestros, sino también los del mundo entero, como se menciona en *1 Juan 2:2*: *"Y él es la propiciación por nuestros pecados; y no solamente por los nuestros, sino también por los de todo el mundo".*

A menudo, en la batalla cultural hay un énfasis en el intelectualismo, necesario hasta cierto punto, pero muchos intelectuales descuidan leer la Biblia, el libro que Dios nos entregó como el pegamento para una sociedad fragmentada. Otros, usan más bien la Biblia para parecer intelectuales, ministrando y administrando su mensaje para enmarcar su conocimiento acerca de Dios. Dentro de la batalla cultural se habla mucho de fe, pero, como dice *Romanos 10:17*, *"Así que la fe viene por el oír, y el oír, por la palabra de Dios".* Es decir, sin Biblia, no hay fe genuina; una batalla cultural sin Biblia es, por ende, una batalla sin fe y, en última instancia, una batalla sin Dios. Del mismo modo, una batalla con Biblia, pero sin teología ni exégesis, sino pura filosofía y tradición, es exactamente lo mismo. Luchar por los valores de Dios sin Dios, es como tratar de defender al Creador del cielo y las estrellas, como si Él mismo necesitara nuestra defensa; sería como tratar de orar en ignorancia pidiendo la conversión del anticristo, algo que no sucederá.

Esta batalla cultural suele generar más fricción, división y ansiedad entre quienes participan en ella, que las causas mismas que motivan la lucha.

Hacer una sana distinción entre la fe auténtica que debería motivar dar la batalla cultural y los dogmas de fe, es crucial para entender cómo vivir genuinamente nuestra espiritualidad en un mundo lleno de ruido religioso e ideológico, para así comprender si la batalla que estamos dando es genuina. La fe bíblica no se trata meramente de adherir a un conjunto de creencias o dogmas; es una relación viva y dinámica con Dios a través de Jesucristo.

Obediencia a las Opiniones Humanas vs. a la Confianza Divina.

Dogmas de Fe: Los dogmas, son doctrinas establecidas o enseñanzas que se consideran autoritativas dentro de una tradición religiosa específica. La palabra "dogma" tiene su origen en el griego antiguo "δόγμα" (dógma), que significa "opinión" o "lo que parece ser correcto". En su uso original, dógma se refería a una declaración o decisión autoritaria, un decreto. Con el tiempo, el término evolucionó para designar las doctrinas o enseñanzas que son consideradas como principios fundamentales e indiscutibles en diversos campos, especialmente en la religión y la filosofía.

En el contexto religioso, un dogma es una verdad considerada fundamental e incuestionable dentro de una determinada creencia o doctrina. Por ejemplo, para algunos, los dogmas son verdades de fe supuestamente reveladas por Dios, que la Iglesia declara como definitivas y obligatorias para sus fieles. Estos dogmas forman parte del credo y los principios doctrinales que los creyentes están llamados a aceptar sin cuestionamiento.

Aunque algunos dogmas pueden ser verdaderos y útiles para enseñar y preservar alguna verdad bíblica, se convierten en un problema cuando se enfatizan más que la relación personal con Dios. El riesgo es que la fe se convierta en una mera aceptación intelectual de ciertas doctrinas, sin una transformación genuina del corazón. O que, por tanto repetir y repetir un dogma por tradición, ya no sabemos si fue el mismo Dios quien nos lo pidió o fue alguien más, pudiendo caer así, en el sutil pecado de la iniquidad.

Iniquidad: *Actuar bajo la creencia de que nuestras acciones son agradables a Dios, cuando en realidad, no están fundamentadas ni respaldadas por las enseñanzas de la Palabra de Dios.*

La práctica de realizar acciones que Dios nunca ha mandado en Su Palabra se ha convertido en una tendencia común, especialmente cuando los individuos intentan ser sabios según su propio juicio. A menudo, estas acciones son justificadas con el uso de la religión como escudo, donde la opinión personal y la interpretación subjetiva reemplazan los claros mandatos divinos. Esta tendencia refleja un deseo humano de control y autodirección, alejándose de la verdadera obediencia a la voluntad y enseñanzas de Dios tal y como se revelan en la Biblia.

*"No seas sabio en tu propia opinión; Teme a Jehová, y apártate del mal". **Proverbios 3:7***

El mismo Jesús fue enfático contra los religiosos de Su época por esta actitud, Él les dijo en **Marcos 7:6-9**: *"Bien profetizó Isaías de vosotros, hipócritas, como está escrito: Este pueblo de labios me honra, pero su corazón está lejos de mí. Y en vano me adoran, enseñando como doctrinas mandamientos de hombres. Dejando el mandamiento de Dios, os aferráis a la tradición de los hombres'. Y les dijo: 'Bien invalidáis el mandamiento de Dios para guardar vuestra tradición".* De acuerdo con Jesús en este pasaje, una característica de quienes anteponen los dogmas de fe a la fe verdadera es la invalidación de la Palabra de Dios, ubicando primero rituales y tradiciones establecidas por líderes con autoridad humana.

Fe Auténtica: La fe genuina, por otro lado, es una confianza personal y una dependencia de Dios. No es solo creer en la existencia de Dios, sino confiar en Él, en Su Palabra, y en la obra redentora de Jesucristo. Esta fe implica una entrega personal y una transformación del corazón y la mente. Como dice **Hebreos 11:1**, *"Es, pues, la fe la certeza de lo que se espera, la convicción de lo que no se ve".* El no poder ver lo que creemos es, en realidad, la máxima demostración de confianza y entrega. Esta es la esencia de la fe auténtica: nos impulsa a vivir conforme a los principios bíblicos, no como un deber impuesto, sino como una expresión genuina de amor y gratitud hacia Dios. Este tipo de fe se fundamenta en una relación personal y profunda con el Creador, donde la confianza supera la necesidad de evidencia visible y el corazón se inclina hacia la voluntad divina, movido por un amor sincero y un agradecimiento profundo.

La palabra "fe" proviene del latín "fides", que significa confianza, creencia o fidelidad. En su origen, "fides" implicaba una noción de confianza y seguridad, y se usaba para describir la confianza en la palabra o promesa de una persona, así como la fiabilidad y la verdad en las relaciones humanas.

En el contexto de nuestra discusión, la fe es creer y confiar en Dios, en sus enseñanzas y promesas. Este concepto es central y significa no solo aceptar la Biblia como la autoridad suprema, sino también mantener una relación personal y confiada con Su autor, algo que, lamentablemente, muchas denominaciones cristianas tienden a distorsionar. Imaginemos que un padre fallece y deja un testamento a su hijo, especificando los bienes que le hereda. El testamento es el documento donde el testador, en este caso el padre, expresa su voluntad a al heredero, el hijo. La Biblia, dividida en el Antiguo y Nuevo Testamento, cumple la misma función. Pero, ¿qué pasa si el abogado (Cristo) viene a leer el testamento y lo que revela es diferente de nuestras prácticas religiosas diarias? A menudo, preferimos seguir con lo que conocemos, como la tradición, en lugar de creer que realmente tenemos una herencia otorgada por nuestro Padre. Este es el gran problema: desconfiamos del abogado y, por ende, no reclamamos nuestra herencia. En otras palabras, al practicar dogmas, dejamos de vivir la fe auténtica. El abogado no quiere que solamente creamos en su existencia, quiere que le creamos cuando nos muestra el testamento.

La fe, en este sentido, va más allá de la mera creencia intelectual y se convierte en una confianza y dependencia total en Dios.

En este punto, podemos diferenciar que, si hiciéramos una mera comparación etimológica de las palabras, la raíz de "dogma" refleja la naturaleza autoritaria y declarativa, destacando su rol como afirmaciones definitivas y principios irrefutables en el ámbito de las creencias, tradiciones y doctrinas. Mientras que la raíz de "fe", resalta la importancia de la confianza, la lealtad y la seguridad en Dios y Su Palabra, reflejando la profundidad y la naturaleza personal del acto de fe en el ámbito espiritual.

Mientras los dogmas de fe se enfocan en lo que se cree, la auténtica fe pone énfasis en cómo vivir esa creencia dentro de una relación íntima y personal con Dios. Es una fe que va más allá de la simple adhesión a doctrinas o rituales; transforma vidas, cambia corazones y se manifiesta en acciones que reflejan el carácter y el amor de Cristo.

La falta de comprensión sobre la diferencia entre la fe auténtica y los dogmas de fe puede desviarnos en nuestra forma de abordar y esforzarnos en la batalla cultural que intenta rescatar a un mundo convulso con metástasis cultural y social. Como creador de "Los Ignorantes", un medio de comunicación digital, experimenté esto de primera mano al ser invitado a numerosos chats grupales. Recuerdo que, después de algunas semanas, opté por salirme de ellos. La razón era que el conflicto religioso en cada grupo era incesante, debilitando la causa y dividiéndonos aún más.

A menudo, podemos caer en el error de pensar que estamos luchando con fe, aferrándonos a dogmas y tradiciones, pero sin un fundamento bíblico doctrinal sólido que sustente nuestra lucha. Esta situación puede llevarnos a batallar solos, alejados de la verdadera esencia del problema. Es fundamental recordar que una fe genuina no solo se basa en la creencia firme en ciertos principios, sino también en una comprensión profunda y práctica de la Palabra de Dios. Sin esta base, nuestras batallas culturales pueden carecer del respaldo y la guía esenciales que solo la verdadera fe puede proporcionar.

La distinción entre dogmas de fe y fe auténtica se aclara aún más cuando lo comparamos con la familiaridad de una relación amistosa. Imagina que los dogmas de fe son como conocer la dirección de una casa: tienes la información, sabes dónde está ubicada, pero eso no implica una relación con la persona que vive allí. Conocer la dirección es solo el primer paso; es un dato, un conocimiento objetivo.

En cambio, la fe auténtica se asemeja a tomar esa dirección y convertirla en el punto de partida para una relación profunda y significativa. No te quedas solo con saber dónde está la casa; en lugar de eso, decides visitarla, llevas café y pan, te sientas a conversar con el anfitrión, escuchas atentamente y compartes tus pensamientos y sentimientos. En el proceso, no solo conoces sobre o acerca de la persona, sino que llegas a conocerla de verdad. Compartes experiencias, construyes recuerdos y estableces una relación de amistad plena, transparente e incondicional.

Así es la fe auténtica en Dios. No se trata simplemente de conocer sobre Dios, Sus leyes, y Su historia – eso sería el equivalente a conocer la dirección de la casa. La fe auténtica implica dar un paso más allá: entrar en la casa, es decir, entrar en una relación íntima y personal con Dios, de confianza, hasta la cocina. Significa pasar tiempo en Su presencia, hablarle en oración, escuchar Su voz a través de la Biblia, y permitir que transforme tu vida. En esta relación, no solo conoces los aspectos de Dios, sino que experimentas Su amor, Su gracia, y Su verdad de manera profunda y personal. Consecuentemente comienzas a conocer el porqué de los acontecimientos mundiales, y dejas de orar para que "el anticristo se convierta". Pues, no le vas a pedir a la escritora de Harry Potter que cambie el final del libro, solo porque no estás de acuerdo. ¿o sí?

Por lo tanto, mientras los dogmas pueden darte una base teórica o intelectual sobre Dios, la fe auténtica te lleva a vivir y experimentar esa relación de manera práctica y transformadora. Es un viaje del conocimiento "sobre Dios" al conocimiento "de Dios".

Imaginemos una orquesta sinfónica. Los músicos, con sus diferentes instrumentos, siguen una partitura escrita por un compositor. Esta partitura es como la Palabra de Dios: establece las notas, los ritmos y la armonía, y cada músico la sigue para crear una hermosa sinfonía. La partitura es fundamental; sin ella, la música se convertiría en caos.

Ahora, imagina que uno de los músicos decide que sabe más que el director y comienza a cambiar las notas y ritmos según su propio criterio. Inicialmente, este cambio puede parecer una mejora o una innovación creativa. Sin embargo, si cada músico empezara a hacer lo mismo, la sinfonía original, pensada y compuesta con un propósito, se perdería. La música se convertiría en un conjunto de interpretaciones individuales y discordantes, alejándose de la visión del compositor.

En este ejemplo, los "dogmas de fe" son como las alteraciones que los músicos hacen a la partitura original. Si bien pueden parecer mejoras o adaptaciones necesarias, cuando se apartan de la Palabra de Dios y se basan en opiniones humanas, desvían la fe de su esencia y propósito originales. La "fe auténtica", en cambio, es como seguir la partitura tal y como fue escrita, confiando en la sabiduría y guía del compositor quien a su vez, dirige a la orquesta.

Esta comparación ilustra la importancia de adherirse a los mandamientos y enseñanzas establecidos por Dios, sin añadir o quitar elementos basados en nuestras propias opiniones o interpretaciones, o acomodándolos a las diferentes situaciones coyunturales que enfrenta la sociedad. Mientras que las reglas y estructuras son importantes, estas ya han sido perfectamente establecidas por Dios, y nuestra tarea es seguirlas para mantener la armonía y el propósito de nuestra fe.

En el contexto de la batalla cultural por rescatar la cordura y los valores morales y espirituales, surge una pregunta fundamental: ¿Cómo podemos luchar eficazmente si no conocemos profundamente a Aquel que estableció estas leyes en primer lugar? Es como intentar defender un castillo sin conocer al rey que lo construyó ni entender sus principios y deseos para Su reino.

Para combatir en esta batalla cultural de manera efectiva, necesitamos más que un conocimiento superficial de las leyes morales y espirituales; necesitamos una relación personal y profunda con Dios, el autor de estas leyes. Recuerda que fe es Biblia, *(La fe viene por el oír y el oír por la Palabra de Dios)* pues **Hebreos 12:2** dice: *"Puestos los ojos en Jesús, el autor y consumador de la fe"*. Quiere decir que Él no solo es el autor del libro, Él es quien va a consumar todo lo que está escrito. Solo al conocer íntimamente a Dios, comprendiendo Sus caminos y Su corazón, podemos defender y promover los valores y principios que Él ha establecido, pero al mismo tiempo, entendiendo, que lo que está escrito no tiene vuelta de hoja, va a suceder y punto. Por ejemplo, en lugar de gastar años como activistas climáticos preocupándonos exclusivamente por el estado del planeta, al leer la Biblia, entenderíamos que nuestro rol principal es ser mayordomos de la creación de Dios, cuidando nuestro entorno. Sí, es importante mantener nuestro hogar terrenal limpio y habitable, pero no olvidemos que Dios promete renovarlo todo con cielos y tierra nuevos. Mantener esta perspectiva nos ayuda a vivir nuestra fe de una forma más integral, no perdiendo de vista el panorama eterno y confiando plenamente en la soberanía y el plan maestro de Dios, sin ansiedad.

"Porque he aquí que yo crearé nuevos cielos y nueva tierra; y de lo primero no habrá memoria, ni más vendrá al pensamiento". **Isaías 65:17**

"Pero nosotros esperamos, según sus promesas, cielos nuevos y tierra nueva, en los cuales mora la justicia". **2 Pedro 3:13**

Hagamos el ejercicio. En el debate contemporáneo sobre el cambio climático, que tanta ansiedad y discusión genera, una paradoja interesante se manifiesta en las acciones y palabras de ciertos activistas climáticos. Por un lado, advierten sobre la inminente subida del nivel del mar, un riesgo que parece no reflejarse en su elección de residencias costeras de lujo. Por otro lado, el auge de los vehículos eléctricos como "solución verde" plantea sus propios dilemas ambientales:

Para fabricar una sola batería de Litio —un componente esencial de los vehículos eléctricos— se requiere una considerable remoción de tierra: aproximadamente 12 toneladas para el litio, 5 toneladas para el cobalto, 3 toneladas para el níquel y 12 toneladas adicionales para el cobre. En total, cerca de 250 toneladas de tierra son desplazadas para obtener los materiales necesarios, que resultan en una batería con 20 kilos de litio, 16 de níquel, 26 de manganeso y 8 de cobalto, además de 240 kilos adicionales entre aluminio, acero, plástico y 60 de grafito.

El proceso de extracción para las baterías de los vehículos eléctricos presenta un impacto ambiental significativo. Las maquinarias usadas, como la Caterpillar modelo 994, consumen grandes cantidades de diesel, llegando a los 270 litros para un funcionamiento de 12 horas. Este consumo contradice la idea de "emisiones cero" que a menudo se asocia con los autos eléctricos. De acuerdo con los cálculos, un vehículo eléctrico podría tardar unos 7 años en equilibrar el CO_2 emitido durante su fabricación. Su batería, con una duración estimada de entre 7 y 10 años, necesitará un reemplazo costoso, que oscila entre 15 y 20 mil dólares, reiniciando el ciclo productivo. Si una sola batería puede contaminar un lago entero, ¿adónde se reciclarían todas estas baterías, sin causar un impacto ambiental?

Además, cabe preguntarse sobre el origen de la electricidad utilizada para cargar estas baterías. En días sin sol o viento, donde las fuentes renovables no son una opción viable, ¿estaríamos dispuestos a depender de medios de transporte público impulsados por diesel cuando no podamos cargar nuestros flamantes carros eléctricos? O peor aún, con un sentimiento de culpa tremendo ¿recargaríamos el auto desde nuestro garaje, donde la electricidad proviene de métodos de producción tradicionales? Tal vez deberíamos ser honestos y admitir que si elegimos los vehículos eléctricos es por su diseño y estilo, y la posibilidad de un ahorro menor en nuestra cuenta mensual de combustible, pero entendiendo que, indirectamente, seguimos dependiendo de mucho más combustible del que nos imaginamos para su fabricación, al planeta no le estamos generando mayor cambio.

Ser honestos con nosotros mismos podría brindarnos una tranquilidad inesperada. Gran parte de nuestra ansiedad en estos temas podría disminuir si nos hiciéramos las preguntas correctas y si entendiéramos que el hombre no inventa nada, tan solo descubre. Como en el caso del fósforo y su capacidad de generar fuego al frotarse contra una superficie abrasiva, tal vez su propósito inicial era precisamente ese. El ser humano descubre las posibilidades que ya están implícitas en la naturaleza. Un uso responsable de estos recursos, en lugar de demonizarlos, nos liberaría de mucha contaminación emocional y ansiedad. Después de todo, individuos tóxicos desbordando ansiedad, destruyendo obras de arte en museos y deteniendo el tráfico por horas, pueden resultar más perjudiciales para nuestro entorno que el propio CO_2.

Este conocimiento no proviene solo de un entendimiento intelectual o dogmático, sino de una relación vivencial y dinámica con Dios. Es a través de esta relación que obtenemos la perspectiva y el poder para influir en la cultura de una manera que refleje verdaderamente Su carácter y propósito. Por eso, después de cinco años como militante de la batalla cultural desde mi trinchera de "Los Ignorantes" que por un tema de branding pasó a ser luego "iGNRTS" entiendo ahora que, la batalla cultural por la cordura y los valores morales y espirituales no es solo una cuestión de argumentos y estrategias, sino fundamentalmente una cuestión de conocer y vivir en comunión con el Creador de esos valores, para conocer de lleno, el desenlace de todo, el final de la historia.

En el fragor de la batalla cultural, a menudo enfrentamos un desafío formidable: la acusación de ser retrógrados por fundamentar nuestros argumentos en Dios y Su Palabra. Esta acusación, impulsada por el miedo y el rechazo, nos empuja hacia un terreno de intelectualismo y filosofía donde las reglas del juego parecen estar claramente definidas: hablar de Dios está fuera de límites; lo que importa es la erudición, el conocimiento y la apariencia intelectual.

Este escenario no es ajeno a las estrategias del adversario, quien desde el principio de los tiempos ha utilizado la misma táctica eficazmente: sembrar dudas y apelar al ego humano. La historia de Adán y Eva nos muestra cómo satanás cuestionó La Palabra de Dios: *"¿Conque Dios os ha dicho...?"*. ***Génesis 3:1*** Esta misma táctica se sigue empleando para atraernos a un ring donde las reglas están sesgadas y nuestro enfoque se desvía de Dios hacia el autoengrandecimiento.

La Biblia advierte sobre el peligro de confiar en la sabiduría del mundo en lugar de la sabiduría divina. ***Santiago 3:17*** nos ofrece una perspectiva clara sobre este tema: *"Pero la sabiduría que es de lo alto es primeramente pura, después pacífica, amable, dócil, llena de misericordia y de buenos frutos, sin parcialidad y sin hipocresía"*. Esta sabiduría difiere radicalmente de la que el mundo promueve, que a menudo se basa en el ego, la competencia y la ostentación de conocimiento, como lo aclaran los versículos anteriores: *"Pero si tenéis envidia amarga y contención en vuestros corazones, no os jactéis, ni mintáis contra la verdad porque esta sabiduría no es la que desciende de lo alto, sino terrenal, animal, diabólica"*. ***Santiago 3:14-15***.

Es fundamental entender que otra característica del Espíritu Santo en nosotros, no es simplemente acumular conocimientos o datos, como lo haría una computadora o un celular. El espíritu de inteligencia, según la Biblia, implica la correcta aplicación del conocimiento en función de las circunstancias, guiada por principios divinos. La inteligencia del mundo puede impresionar y convencer intelectualmente, pero carece del poder transformador y redentor de la inteligencia divina.

La batalla cultural, por lo tanto, no debe basarse en quién es más erudito o quién puede argumentar mejor dentro de los límites del intelectualismo secular. En lugar de ello, debemos enfocarnos en reflejar la sabiduría de Dios en nuestras palabras y acciones, una sabiduría que se caracteriza por la pureza, la paz, la amabilidad, la misericordia y la autenticidad y claro, la oración (entendiendo lo que oramos). Al hacerlo, no solo resistimos la tentación de caer en la trampa del ego, sino que también ofrecemos un testimonio poderoso y genuino del amor y la verdad de Dios en un mundo confundido y desorientado.

No son la política, la sociología, el humanismo, la filosofía, ni otros campos del conocimiento humano los que van a rescatar a este mundo ya condenado. Aunque estos pueden ofrecer ciertas perspectivas y soluciones a problemas terrenales, carecen de la capacidad de abordar la condición esencial del alma humana. Ni la economía, ni la ciencia, ni la tecnología, ni la psicología, por sí solas, pueden proporcionar la respuesta definitiva a la profunda necesidad espiritual del ser humano.

La verdadera solución radica en una simple pero profunda decisión en el corazón del hombre (y no me refiero a la decisión de aceptar a Jesús como Salvador), sino a humillar por el conocimiento y comprensión ante la revelación de un único Redentor a la terrible consecuencia del pecado y que sea Él quien haga el resto. Es solo a través del arrepentimiento genuino y la fe en Jesucristo que podemos encontrar la salvación y la transformación real. Como se indica en ***Juan 14:6***, donde Jesús afirma: *"Yo soy el camino, y la verdad, y la vida; nadie viene al Padre, sino por mí"*. Esta verdad bíblica resalta la exclusividad de Cristo como la única vía hacia la reconciliación con Dios.

En la batalla cultural, el foco no debe estar en imponer una ideología o un conjunto de normas morales, sino en señalar a Cristo como la única esperanza y solución verdadera para un mundo caído. Nuestro testimonio como cristianos debe ir más allá de la defensa de valores y principios; debe ser un reflejo del amor, la gracia y la verdad de Dios manifestados en Jesucristo. Solo al centrarnos en Cristo y Su obra redentora podemos participar efectivamente en la verdadera batalla, que es espiritual y no cultural, llevando luz a un mundo oscurecido por el pecado y la desesperanza.

La humanidad no necesita sólo salir de su ignorancia geopolítica; necesita dejar de ignorar que, una vida de pecado, incluso si está alineada con el espectro político "correcto" o que defiende valores conservadores, conlleva consecuencias terribles. Sin un arrepentimiento sincero y una disposición genuina de buscar a Dios en Sus términos, y no en los nuestros, el desenlace seguirá siendo el mismo, como Jesús advierte en **Mateo 7:23**: *"Y entonces les declararé: Nunca os conocí; apartaos de mí, hacedores de maldad."*

La verdadera transformación no viene de alinearse con una ideología o filosofía de vida, sino de un cambio de corazón que solo puede ser obra del Espíritu Santo a través de una relación personal y auténtica con Dios.

En mi camino como creador de la plataforma 'Los Ignorantes', que como les decía, es un medio que busca educar a las personas en temas críticos que, por nuestra distracción o por simplemente haber mordido el anzuelo de la "tolerancia", han permeado nuestra sociedad, he enfrentado desafíos únicos. Esta plataforma, dedicada a diseminar conocimiento a través de entrevistas, monólogos y videos educativos, se ha enfocado en denunciar cómo las ideologías que van en contra de la esencia misma de Dios se han aprovechado de una gran cantidad de aspectos sociales, deportivos, culturales, políticos, educativos, de entretenimiento y, lamentablemente, también religiosos.

Con el tiempo, mi trabajo en "Los Ignorantes" me llevó a una encrucijada. La censura de mis videos en varias plataformas digitales fue un punto de inflexión, llevándome a cuestionar la efectividad y, más importante aún,el propósito de mi labor. Me preguntaba si, en mi intento de "salvar la casa" de nuestra cultura y valores, estaba descuidando a las personas dentro de ella, aquellas a quienes realmente deseaba ayudar. La censura no me hacía cuestionar la veracidad de mi contenido, más bien la certificaba, pero ¿con qué propósito creaba ese contenido?

Pero aún más fuerte que la censura, una razón que me causaba muchísima más ansiedad, es el proceso de revisión y análisis del contenido para compartirlo con el público, ya que cada vez que lo hacía, tenía que pagar un costo emocional y espiritual muy alto. Cada video o noticias que examinaba oscurecía un poco más mi alma, sumiéndome en una creciente depresión y ansiedad, al ver en primera mano, la maldad, cada vez más normalizada de nuestra sociedad. Me encontraba cada vez más desesperado y frustrado por no poder sacar a las personas de su ignorancia sobre su condición sin Dios, y peor aún, me sentía sin la autoridad moral para hacerlo, ya que yo mismo me encontraba alejado de Él, con mi espíritu apagado. Un día, en un viaje junto a mi amigo Sixto Porras por los Estados Unidos como productor audiovisual para Enfoque a La Familia, le hice saber que esto me estaba pasando, y que tanta información me apagaba el espíritu, y con la voz amorosa y pausada que lo caracteriza me dijo: "Apaga las noticias y enciende la Biblia".

Esta reflexión me llevó a un punto crucial en mi fe y mi enfoque en la vida. Comencé a entender que más allá de la lucha cultural y la batalla de las ideas, lo que realmente importa es la condición espiritual de cada individuo. Me di cuenta de que mi llamado no era solo informar, sino también inspirar un cambio genuino en el corazón de las personas, guiándolas no solo a una comprensión más profunda de los problemas del mundo, sino también hacia un encuentro personal y transformador con Dios. Los que ya sabemos el fin de la historia y las consecuencias para el que las rechaza, no podemos perder el tiempo sin mostrarlas a quien las desconoce, intentando rescatar una casa que, de acuerdo con la historia ya se quemó, aunque nosotros estemos cerca del final de la película. Eso, en ninguna circunstancia se debe tomar como una excusa para decir: "genial, entonces no hago nada", **Eclesiastés 9:10** dice: *"Todo lo que te viniere a la mano para hacer, hazlo según tus fuerzas"*. En nuestra caminata cristiana, no se trata simplemente de hacer o no hacer; se trata de hacer aquello que Dios nos ha encomendado. Para un cristiano, pocas cosas generan más ansiedad que desatender lo que Dios nos pide y, en cambio, actuar según nuestro propio criterio, aunque sea con buena intención. Creer que agradamos a Dios actuando de esta manera es un error; en realidad, es iniquidad. Es fundamental comprender y seguir la voluntad de Dios, evitando confundir nuestros deseos y pensamientos con los Suyos.

Profesando Ser Sabios

Me generan demasiada ansiedad los debates entre ateos y apologistas cristianos discutiendo sobre cuál de los dos tiene la razón.

Hablo por mí. A pesar de que tengo un profundo respeto por quien saca horas y horas preparándose para estos intercambios intelectuales, estos debates me inquietan más de lo que me emocionan. A veces, en medio del debate, siento más compasión por quien defiende a Dios que admiración. En ocasiones, una profunda compasión surge en mí hacia el apologista, cuando se hace evidente que el conocimiento infla y envanece, pero la falta de amor en el debate no edifica.

Es que estoy convencido que mi misión como cristiano no es simplemente debatir con los ateos para convencerlos de su error, sino más bien guiarlos a la luz del evangelio. Aunque en el libro de Judas en el versículo 3, se nos exhorta a contender ardientemente por **la fe** que ha sido una vez dada a **los santos**; al no entender qué es **fe** y, confundirla con dogma, no se estaría contendiendo de acuerdo con el pasaje. No se trata de contender para defender una creencia, se trata de contender para hacer entrar en razón al incrédulo de las consecuencias de su pecado y guiarlo al arrepentimiento, tampoco se trata de convencerlo de recibir a Cristo al final del debate por medio de una oración que suena más a discurso de afiliación, el Espíritu Santo es quien convence de ese pecado después de que yo lo exponga, yo no tengo autoridad bíblica para cerrar el negocio a través de una oración o un brochure con instrucciones. Hay personas que contienden basados en ese versículo sin tan siquiera comprender el significado de la palabra **"santos"** que en la Biblia no tiene nada que ver con una persona que muere y las "autoridades eclesiales" vivas deciden si le dan el título o no, nada más alejado de su verdadero significado. El apologista, al entrar al cuadrilátero del debate intelectual, en la mayoría de los casos, solo alimenta el ego; es un juego de mentes que a menudo termina en un callejón sin salida. Pero cuando se presenta el evangelio, se toca una cuerda más profunda: su anhelo innato de dirección y verdad. Es decir: el apologista tiene dos caminos y dos desenlaces: si demuestra con argumentos intelectuales que los ateos están equivocados, estos quedan con el ego herido, pero, si se les demuestra con el evangelio que están perdidos, su naturaleza humana los inquietará a querer encontrarse.

El que escoge el segundo camino es un verdadero apologista.

Los seres humanos, por naturaleza, desean no perderse en la vastedad de la vida. Nos aferramos a lo que nos da sentido y orientación. Al mostrarles el evangelio, el apologista ofrece una brújula en un mundo que a menudo parece caótico y sin rumbo. En lugar de llevarlos por un laberinto de argumentos y contraargumentos, les muestra el camino hacia un puerto seguro, donde encontrarán la verdadera paz y dirección en Jesucristo. Y eso no se hace a través de un escarnio público. *"sino que, **hablando la verdad en amor**, crezcamos en todos los aspectos en aquel que es la cabeza, es decir, Cristo" **Efesios 4:15***

Esta aproximación va más allá de la mera lógica o el razonamiento filosófico. Es una invitación a experimentar el amor, la esperanza y la transformación que solo Cristo puede ofrecer. ¿De qué vale defender la existencia de Dios si no permitimos que el Espíritu Santo nos defienda de nuestras propias inclinaciones inmorales? Este es el triste caso de un afamado y prestigioso apologista quien, después de morir, Dios sacó todo su basurero a la luz. Una cabeza llena de conocimiento acerca de Dios, no necesariamente representa un corazón que conoce a Dios y le teme. Como dice Pablo en *1 **Corintios 1:17**,* nuestro mensaje no depende de la elocuencia de las palabras, sino del poder transformador del evangelio de Cristo. Esta es la verdadera esencia de nuestra misión: guiar a las almas perdidas hacia la redención y la gracia que se encuentran en Jesús con el único propósito de no restarle importancia al sacrificio de la cruz. *"Pues no me envió Cristo a bautizar, sino a predicar el evangelio; **no con sabiduría de palabras**, para que no se haga vana la cruz de Cristo".*

Comprendiendo y conviviendo de manera íntima con Dios,

entendemos que el mundo ya ha sido condenado, como lo describe Su Palabra, con esto nos enfrentamos a una realidad espiritual profunda que define nuestra misión y nuestro enfoque como cristianos. Esta perspectiva, que puede parecer pesimista a primera vista, en realidad recalca la necesidad de un Salvador y la urgencia de la obra redentora de Cristo.

Juan 3:18 establece con claridad esta verdad: *"El que en él cree, no es condenado; pero el que no cree, ya ha sido condenado, porque no ha creído en el nombre del unigénito Hijo de Dios"*. Este versículo señala que la condenación ya es una realidad para quienes rechazan a Cristo. Aunque marchemos, gritemos, pataleemos, hagamos pancartas, nos pongamos pañuelos o hagamos berrinches culturales, nadie va a poder cambiar ese desenlace. La elección de las palabras *"ya ha sido condenado"* está en tiempo pretérito perfecto compuesto. Este tiempo se utiliza para indicar una acción que, habiendo ocurrido en el pasado, tiene efectos o relevancia en el presente. En este caso, la frase sugiere que la acción de condenar ya ocurrió, pero sus efectos o su estado de condena sigue siendo relevante o vigente en el momento presente, es decir, esta frase indica que el juicio sobre el mundo pecaminoso es un hecho consumado en el orden divino, más allá de cualquier esfuerzo humano por "salvar" al mundo en términos culturales o sociales.

Efesios 1:4-5 profundiza en esta idea pero al contrario de la condenación, mostrando que Dios, en Su soberanía, ha elegido ya para la salvación: *"según nos escogió en él antes de la fundación del mundo, para que fuésemos santos y sin mancha delante de él, en amor habiéndonos predestinado para ser adoptados hijos suyos por medio de Jesucristo, según el puro afecto de su voluntad"*. Este texto, sujeto de mucho debate teológico, enfatiza que la salvación no es un accidente ni el resultado de esfuerzos ni luchas humanas, sino el plan predeterminado y misericordioso de Dios. Piénsalo así, si el que no cree, ya ha sido condenado, el que cree o va a creer, ya ha sido salvado. Pues no hay más tipos de personas en el medio, solo dos. Es un ejercicio básico de deducción lógica. Por ejemplo: Si todos los gatos tienen cuatro patas y Paco es un gato, entonces se deduce lógicamente que Paco tiene cuatro patas. No necesito mencionar explícitamente cuántas patas tiene Paco, porque se entiende a partir de la premisa general sobre los gatos. Este ejemplo resume la importancia de un estudio bíblico que conlleve una exégesis cuidadosa y metódica, asegurando que cada enseñanza sea comprendida en su contexto adecuado y aplicada lógicamente a nuestra vida y no, opiniones de líderes que con astucia y facilidad verbal logran hacer parecer que las cosas que enseñan tienen sentido, y que por eso, deben ser verdad, aunque estén teológicamente incorrectas. Yo fui por muchos años esclavo de esa dinámica sectaria, de la cual Dios me rescató, por eso hoy puedo identificarla con facilidad.

Nada que explique mejor este concepto que el mismo Calvario, que, durante esas breves horas, fue el reflejo de toda la humanidad, marcada por el pecado y el valor infinito de cada alma. A un lado, el ladrón redimido, que sin haber escuchado sermones ni realizado oraciones afiliativas, simplemente, arrepentido y consciente de su merecido castigo social, reconoció en la figura sufriente a su lado, a un Dios, más allá de la aparente ausencia divina en Su "look" pues estaba destrozado. Al otro lado, el opuesto: aquel que se niega a aceptar su situación, creyendo injusto su destino y desafiando la existencia de Dios. Este segundo hombre exige pruebas, reta a Jesús a demostrar Su divinidad, a bajar de la cruz y a salvarlo de su propia condena. Son estos dos arquetipos los que representan a la humanidad:

divididos por un único sacrificio redentor, donde solo uno de ellos se beneficia realmente. En la escena del Gólgota, no hay término medio; solo existen estos dos tipos de personas, separados por la decisión de aceptar o rechazar el sacrificio de un Salvador que vino para redimir a ambos de sus pecados a través de un genuino arrepentimiento y no para ofrecer prosperidad y cumplimiento de nuestros planes, sino de los Suyos.

Entendiendo esto, descansamos en el hecho de que no va a ser por obras o esfuerzos humanos, desacreditando el poder redentor de quien ya lo consumó todo en esa cruz y escribió tu nombre en Su libro antes de la fundación del mundo, que podamos cambiar el desenlace de nada, y todo esto lo hizo, como dice el pasaje: *"Según el puro afecto de su voluntad"*, o en español coloquial: "porque le dio la gana". Al final de cuentas Él puede, porque Él es Dios. Esto escandaliza a los religiosos, pero da paz a los honestos de corazón y de intelecto, quienes a través de aceptar la simple y a la vez profunda enseñanza del evangelio que para los entendidos es locura, para ellos es esperanza, y encuentran sabiduría verdadera, recordando las palabras de *1 Corintios 1:27*, *"Pero Dios escogió lo tonto del mundo para avergonzar a los sabios, y escogió lo débil del mundo para avergonzar a los poderosos. También escogió Dios lo más bajo y despreciado, y lo que no es nada, para anular lo que es, a fin de que en su presencia nadie pueda jactarse."* Nunca me había sabido tan bien que me llamaran tonto, débil, bajo y despreciado. Algo que, el ego engrandecido del hombre, no le deja computar en su cabeza.

Estos pasajes bíblicos nos llevan a reconocer que nuestra ansiedad por la realidad del mundo, tiene poco sentido, ya que, nuestra lucha no debería ser tanto por cambiar el mundo en sí, sino por proclamar el evangelio a aquellos que Dios quiere mostrar

Su salvación. La verdadera batalla espiritual no se libra en los campos de la política, la cultura o la ideología, sino en el corazón humano, donde el Espíritu Santo obra para convencer de pecado, de justicia y de juicio. Es claro que necesitamos personas con estos principios y valores en estas áreas, para que a nivel terrenal un pueblo temeroso de Dios pueda ser bendecido, pero esto sería temporal, porque nada de lo que hagan cambiaría el desenlace global de la historia.

Como observadores en una sociedad que se aleja cada vez más de Dios y que nos causa como sociedad una profunda ansiedad, nuestra misión no es la de rescatar a la sociedad per se, sino de ser faros de la verdad del evangelio en un mundo oscurecido por el pecado. Este enfoque se alinea con las palabras de *2 Corintios 4:4-6*, donde Pablo describe cómo el dios de este siglo (satanás) ha cegado los ojos de los incrédulos para evitar que vean la luz del evangelio de la gloria de Cristo, quien es la imagen de Dios. Nuestra labor es, por tanto, iluminar con la verdad del evangelio, sabiendo que es Dios quien abre los ojos y transforma los corazones.

Mi amigo Agustín Laje, describe en su libro a esta generación contra la que luchamos como "La Generación idiota", está en lo correcto, aunque la Biblia la llama *"necia"* ya que habiendo llegado la luz a ellos prefieren las tinieblas de su justicia propia y sus vanos razonamientos.

La comprensión de que el mundo ya ha sido condenado no nos lleva al desespero, sino a una profunda apreciación de la gracia de Dios en Cristo Jesús y a un compromiso apasionado de compartir esa gracia con un mundo necesitado ya que por la misericordia de Dios, aunque algunos están en modo idiotizado, aún tienen esperanza en Cristo, y espero que logre ser lo suficientemente enfático cuando digo, que no hay otra esperanza, ni siquiera una insurrección civil contra los poderes totalitarios, no hay nada, no hay otra salida, solo en Cristo hay esperanza.

Paralelismos Inquietantes

Vivimos en tiempos que reflejan de manera sorprendente las palabras de Jesús sobre los días de Noé. En aquellos tiempos, la vida continuaba con sus rutinas y placeres, sin reconocer los signos de los tiempos ni la inminencia del juicio de Dios. Como se describe en **Génesis 6:5**, *"Y vio Jehová que la maldad de los hombres era mucha en la tierra, y que todo designio de los pensamientos del corazón de ellos era de continuo solamente el mal"*. De manera similar, hoy vemos una sociedad atrapada en el torbellino de las noticias, las redes sociales, y un estilo de vida que a menudo carece de propósitos y valores sólidos. Esta realidad moderna, donde la juventud perdida parece ser una norma, refleja un paralelismo inquietante con los días previos al diluvio.

Las estadísticas actuales muestran un preocupante incremento en la depresión, especialmente entre los jóvenes, reflejando las presiones y desafíos únicos de nuestra era. Además, los embarazos en adolescentes víctimas de la extrema sexualización siguen siendo un problema global significativo, lo que indica una sociedad luchando con la falta de orientación y propósito. Esta situación conduce a una falsa dicotomía y a un mensaje equivocado de que el aborto es la solución para "empoderar" a las mujeres que buscan competir con los hombres. Paralelamente, algunos hombres se aprovechan de la retórica de igualdad para sacar ventaja de las mujeres en todas las disciplinas.

Además, nos enfrentamos a una cultura donde lo inmoral se ha normalizado y está omnipresente, sin reparos ni restricciones. En este entorno, la inocencia de los niños se ve amenazada, y el deseo de ganancias fáciles, sin el correspondiente trabajo o esfuerzo, está fomentando una juventud cada vez más egocéntrica y hedonista. Yo lo llamo la "BadBunnyzación" de la sociedad.

Y con todo esto, todavía me hace falta mencionar que los rituales satánicos ya no son rituales ocultistas, sino que están a plena luz del día, en medio de premiaciones y conciertos auspiciados por compañías que supuestamente buscan nuestro bienestar.

El otro día, mientras me encontraba en una tienda de ropa deportiva con mi esposa y mis hijos, me llamó la atención la música de fondo. Era una canción con un ritmo contagioso que invitaba a entrar, hasta que presté atención a la letra, cantada por una voz femenina. La crudeza de sus palabras podría hacer palidecer al más osado, haciendo que una letra del mismísimo conejo malo pareciera un ensayo de Gabriel García Márquez en comparación. Tras solicitar a la cajera que cambiara la música, reflexioné con tristeza sobre cómo ahora, incluso en la música, algunas mujeres se están denigrando a sí mismas; no para competir con el hombre, sino perpetuando una cultura de autodesprecio. Más tarde, al ver a jovencitas imitando este estilo de "manifestación", que me rehúso a llamar música, y observar su forma de vestir y expresarse como si fueran meros objetos, me pregunté por qué, llenas de ansiedad, se sorprenden al atraer solo a aquellos que las ven como simples piezas de carne.

Esta situación se ve agravada por una pandemia tecnológica que afecta tanto a jóvenes como a adultos, convirtiéndolos en adictos a sus dispositivos. Esta adicción impacta negativamente la capacidad de interactuar socialmente de manera significativa, alimentando la ansiedad y el aislamiento. La omnipresencia de la tecnología y su constante intrusión en nuestras vidas han generado un ciclo de dependencia y desconexión. Recuerdo otro día en particular, cuando con mi familia, recibimos una invitación para asistir a un circo que daría funciones cerca de nuestra casa. Santi, nuestro hijo menor, estaba muy emocionado por la aventura. Sin embargo, lo que debió ser una experiencia familiar alegre, se vio empañada por un incidente descorazonador para mi esposa y para mí, aunque Santi nunca se dio cuenta. Detrás de nosotros, un niño de unos tres años estaba sentado de espaldas al escenario, utilizando su asiento como mesa para sostener el celular de su madre. Absorto en videos de YouTube, se perdió por completo el espectáculo. En un momento, su madre, al notar que varias personas a su alrededor observaban el comportamiento aislado del niño, intentó tomar el celular. Los gritos del niño al ser separado de su dispositivo fueron tan intensos que su madre, frustrada y avergonzada, se vio obligada a devolverle su "adicción". Ella continuó viendo el espectáculo sola, mientras su hijo seguía inmerso en su mundo digital. Fue una escena tan deprimente que nos conmovió casi hasta las lágrimas.

Además, observamos que las parejas heterosexuales que quieren casarse (hoy cada vez más escasas), están más preocupadas por el acontecimiento de la boda que dura algunas horas, que por el matrimonio que es para toda la vida, un enfoque que ha llevado a un aumento en la tasa de divorcios, enriqueciendo a los abogados especializados en esta área. Me ha tocado hacer videos para bodas en donde los novios se jactan de gastar hasta 100 mil dólares, pero no invirtieron 5 minutos en aprender las herramientas que iban a sostener su matrimonio, al que en menos de un año disolvieron. Conocí en una gira de Enfoque a la Familia en Colorado, al pastor Donald Franz, un extraordinario hombre de Dios que, en el área de Oklahoma, en donde tiene el ministerio con su familia, colocó, justo al lado de cada anuncio que promocionaba a los abogados de divorcio, un atrevido cartel que decía: "El Divorcio No Es la Solución" con su número de teléfono. Él nos contaba que su teléfono no paró de sonar. Qué inspirador tal nivel de valentía. Paralelamente, un número creciente de padres, en su intento de ser "cool", han dejado de guiar a sus hijos adecuadamente. Esta actitud ha generado estragos en la sociedad, incrementando la necesidad de atención psiquiátrica, hasta el punto de que estos especialistas, como lo señala muy vehementemente la Dra. Mariam Rojas Estapé, se están convirtiendo en los nuevos médicos de cabecera de muchas familias.

Del mismo modo, los días de Lot, marcados por la corrupción y la indulgencia en Sodoma y Gomorra, nos recuerdan que la historia de la humanidad a menudo repite estos ciclos de olvido y desvío de lo divino. En la actualidad, enfrentamos crisis mundiales, enfermedades, pandemias y catástrofes naturales, todo lo cual puede alimentar la ansiedad en nuestras vidas.

Después de leer todos estos datos y reflexiones, ¿te sientes más ansioso? Si es así, no estás solo. Estos son temas pesados y preocupantes. Y aun no termino. Pero aguanta, la melatonina está en camino.

Sal Insípida

Anteriormente hablaba sobre los dogmas de fe, pero ahora quiero ahondar sobre el hecho de que este contexto mundial convulso se ve exacerbado por una tendencia preocupante dentro de la Iglesia. La Biblia advierte que vendrán tiempos en los que la gente no sufrirá la sana doctrina —claro, porque la sana doctrina no se disfruta ni está ahí para entretenernos, la sana doctrina se sufre—, buscando maestros que les digan lo que quieren oír, apartando sus oídos de la verdad. Este fenómeno se observa en la creciente popularidad de un cristianismo que busca atraer a las masas adaptándose a las normas y tendencias del mundo, en lugar de adherirse al mensaje auténtico del Evangelio. *"Porque vendrá tiempo cuando no sufrirán la sana doctrina, sino que, teniendo comezón de oír, se amontonarán maestros conforme a sus propias concupiscencias, y apartarán de la verdad el oído y se volverán a las fábulas."* **2 Timoteo 4:3-4**

El predicador Paul Washer, enfatiza que él, cuando lleva el evangelio a la calle, su trabajo no es armar un acontecimiento llamativo, más bien es "arruinar la fiesta". Al igual que un médico responsable que debe mostrar las evidencias del cáncer para que la persona se prepare, nuestro trabajo no es mantener a la gente distraída con tal de que no se ponga triste al enfrentarlos con la realidad de su pecado.

La ansiedad se intensifica cuando la fe se convierte en una herramienta para captar la atención en lugar de un camino hacia la transformación espiritual. Este alejamiento de los principios bíblicos fundamentales y la adaptación de la iglesia a las herramientas y técnicas del mundo para atraer a los fieles, puede llevar a un ciclo vicioso en el que serían necesarias cada vez más estas artimañas, para mantener a las personas en la iglesia que se ganaron de esta manera. Esta distorsión del Evangelio tiene mucho eco en las redes sociales, provocando aún más ansiedad entre aquellos que buscan vivir una vida de acuerdo al verdadero mensaje de Cristo.

En estos tiempos, es vital recordar que nuestra esperanza y seguridad no residen en las circunstancias del mundo, sino en Cristo. A pesar de los tumultos y las incertidumbres de nuestra era, nuestro llamado sigue siendo el de vivir conforme a los principios del Evangelio, resistiendo la tentación de conformarnos a las normas del mundo.

"No se amolden al mundo actual, sino sean transformados mediante la renovación de su mente. Así podrán comprobar cómo es la voluntad de Dios: buena, agradable y perfecta." **Romanos 12:2.**

Un Mundo Convulso

En este análisis de la ansiedad en un mundo convulso, debemos reconocer que hay aspectos de la geopolítica, el crimen y las políticas sociales que están más allá de nuestro control. El amor al poder y al dinero ha llevado a que las organizaciones supranacionales adquieran un control creciente, a menudo avasallando nuestras libertades individuales. Mientras el ser humano se pierde en debates e ideologías, profesando ser sabio o filósofo, se aleja cada vez más de la única solución verdadera: el poder transformador del Evangelio en el corazón del hombre. *"profesando ser sabios, se hicieron necios"* **Romanos 1:22**

Esta necedad de creernos dioses, de alejarnos de la humildad y la verdad del Evangelio, nos conduce inexorablemente hacia un desenlace similar al de los tiempos de Noé y de Lot. La historia se repite en un ciclo de olvido y desvío de lo divino, donde las sociedades, alejadas de Dios, se encaminan hacia su propia perdición.

Sin embargo, a pesar de que no podemos controlar el curso de la humanidad en su conjunto, tenemos la capacidad en Cristo a través del espíritu de poder, para precisamente "poder" dirigir nuestra propia humanidad individual y permitirle a Dios cambiarla si es necesario. Podemos decidir qué ver, leer, decir; cómo alimentar nuestro cuerpo y espíritu; qué permitimos que entre en nuestros ojos y llene nuestro intelecto. Esta autodisciplina, guiada por la gracia de Dios y el poder del Espíritu Santo, es fundamental para tomar control de nuestra ansiedad.

Cuando el mundo a nuestro alrededor parece caer en el caos, nuestra fortaleza radica en centrar nuestra atención en lo que es verdadero, noble, justo, puro, amable y de buena reputación, como nos exhorta *Filipenses 4:8*. Al hacerlo, podemos experimentar la paz de Dios, que sobrepasa todo entendimiento, y que guardará nuestros corazones y nuestros pensamientos en Cristo Jesús. Esta paz es el antídoto contra la ansiedad que surge de vivir en un mundo convulso lleno de noticias terribles, y es un recordatorio constante de que, aunque no podemos controlarlo todo, podemos confiar en Aquel que tiene el control supremo, pero para ello, debemos venir a Él en Sus términos y no en los nuestros.

Ansiedad Lingüística

En una era en donde los eufemismos rigen la comunicación para llamar a lo malo bueno y a lo bueno malo, me gustaría que guardemos en nuestro corazón, que lo que el hombre llama progreso, Dios le llama pecado. ¿Quieres dejar de sentir ansiedad?, comienza a llamar a las cosas por su nombre, aunque te señalen por ello.

El uso de eufemismos en nuestra comunicación actual ha transformado significativamente la manera en que percibimos y discutimos ciertos temas, suavizando palabras o conceptos que podrían considerarse desagradables o tabú. Este fenómeno lingüístico no solo cambia cómo hablamos, sino también cómo pensamos y actuamos, a menudo llevándonos a aceptar ideas que están completamente en contra, no solo de los principios básicos del cristianismo, sino que además, sugieren una degradación completa del ser.

Por ejemplo, al convertir la palabra **Aborto a Interrupción Voluntaria del Embarazo;** este cambio de terminología busca minimizar la gravedad y la finalidad de este abominable crimen, presentándolo como un acto menos agresivo y más aceptable socialmente. Precisamente para, a través de un maquillaje lingüístico, quitar el peso emocional de una decisión de este calibre, en el que la joven insegura, adoleciendo de todo argumento claro, sino que, llevada por su temor y angustia, muerde el anzuelo.

Otros ejemplos de eufemismos engañosos

Eutanasia → Muerte Asistida o Muerte Digna: Al utilizar términos como "muerte digna", se intenta transmitir una idea más compasiva y aceptable de la eutanasia, en lugar de enfocarse en el acto de terminar una vida.

Adulterio → Relación Extramarital: La palabra "adulterio" tiene una fuerte connotación negativa y moral, mientras que "relación extramarital" suena menos condenatoria y más neutra.

Mentira → Falsedad, Inexactitud: Al reemplazar "mentira" con términos como "falsedad" o "inexactitud", se reduce la sensación de culpabilidad o intención maliciosa asociada con el acto de mentir.

Pecado → Error, Falta, Desliz: El uso de palabras como "error" o "desliz" para referirse a lo que tradicionalmente se consideraría un pecado, disminuye la seriedad moral de la acción y su impacto espiritual. Neutralizando en la mente del ser humano, su necesidad de buscar perdón y, más bien, justificando a menudo sus actos con frases como: "Es que se lo merecía" o "no maté a nadie, no debe ser tan grave".

Estos ejemplos ilustran cómo la ansiedad lingüística puede llevarnos a una comprensión distorsionada de la realidad. Al emplear eufemismos, podemos estar minimizando la gravedad de ciertas acciones o estados, lo que a su vez puede llevar a una aceptación generalizada de comportamientos o ideas que son indiscutiblemente inmorales e incorrectas.

En este contexto, es fundamental que como individuos, nos esforcemos por mantener una comunicación clara y honesta, llamando a las cosas por su nombre real y reconociendo su verdadero significado e impacto. Al hacerlo, podemos resistir la tendencia de la sociedad a normalizar lo que en esencia puede ser dañino o incorrecto. Este es un paso crucial para enfrentar la ansiedad y el desconcierto que puede surgir de vivir en una sociedad donde la verdad a menudo se disfraza o se manipula.

El confrontar la práctica de utilizar eufemismos con la enseñanza bíblica nos lleva a un terreno de reflexión profunda. La Biblia, en su esencia, promueve la verdad y la claridad en la comunicación. En *Efesios 4:25*, se nos exhorta: *"Por lo tanto, dejando la mentira, hablad verdad cada uno con su prójimo; porque somos miembros los unos de los otros"*. Este versículo nos obliga a abandonar toda forma de engaño o distorsión de la realidad, incluyendo el uso de eufemismos para suavizar verdades incómodas o pecados.

Jesús mismo enfatizó la importancia de la verdad y la transparencia en nuestras palabras. En *Mateo 5:37*, Él dice: *"Pero sea vuestro hablar: Sí, sí; No, no; porque lo que es más de esto, de mal procede"*. Jesús nos enseña a ser directos y honestos en nuestra comunicación, evitando cualquier forma de manipulación o tergiversación de la verdad.

El uso de eufemismos para disfrazar realidades incómodas o moralmente cuestionables, por lo tanto, va en contra de los principios bíblicos de verdad y honestidad. Al emplearlos, podemos estar contribuyendo a una cultura de engaño y confusión, alejándonos de la claridad moral y espiritual que la Biblia busca fomentar.

Por lo tanto, como seguidores de Cristo y creyentes en la Palabra de Dios, estamos llamados a resistir la tendencia de la sociedad a maquillar la verdad. Debemos esforzarnos por mantener una comunicación que refleje la transparencia, la honestidad y la integridad que Dios valora. Al hacerlo, no solo estamos siendo fieles a nuestras convicciones espirituales, sino que también estamos contribuyendo a un mundo donde la verdad prevalece sobre la conveniencia y la manipulación. Este es un desafío importante en una era de "ansiedad lingüística", pero es fundamental para vivir una vida que esté alineada con los principios bíblicos y que honre a Dios.

La sociedad se enfrenta actualmente no solo al uso de eufemismos para maquillar lo absurdo, sino también, como mencioné al inicio, para dificultar el poder discernir lo malo de lo bueno y lo bueno de lo malo, logrando con ello, una división doctrinal cada vez más visible en la Iglesia fragmentada. John

MacArthur, en su libro: Doctrina Cristiana Esencial, enfatiza apenas en su introducción que: *"Si bien algunos considerarían que la doctrina es divisiva, la doctrina es la única realidad que une al pueblo de Dios alrededor de la verdad. Cualquier otro tipo de unidad es superficial y sentimental".*

Una doctrina maquillada y edulcorada es lo que tiene hoy a la Iglesia confrontada consigo misma, y un rebaño completamente perdido y ansioso sin saber qué es cierto y qué es mentira. Reduciendo el mensaje completo del evangelio a la oportunista frase de "Dios es amor" o la famosa: "Dios ama al pecador pero odia al pecado", se distorsiona la verdadera naturaleza de la justicia divina. Si esto fuera así, el pecado debería cumplir la sentencia y no el hombre, porque según esta lógica anti bíblica, el pecado sería el objeto de condena, y no la persona que lo comete. Sin embargo, la Biblia nos enseña una verdad más compleja y desafiante.

Romanos 6:23 expone claramente: *"Porque la paga del pecado es muerte, pero el don de Dios es vida eterna en Cristo Jesús, Señor nuestro".* Este versículo resalta la gravedad del pecado y sus consecuencias, y al mismo tiempo, la magnitud del amor y la misericordia de Dios a través de Jesucristo. No se trata de un amor que ignora el pecado, sino de un amor que ofrece redención y transformación a pesar del pecado, pero, para quien no quiere practicarlo más. Jesús le dijo a la mujer adúltera: *"Anda y no peques más"*, ***Juan 8:11*** no le dijo: ¿Dónde están los que te juzgan? Sigue, tú tranquila, yo te amo.

Es fundamental, por lo tanto, reconocer la seriedad del pecado y la necesidad de arrepentimiento y transformación, en lugar de caer en una teología que busca suavizar o evadir estas verdades centrales. Al aceptar y enseñar la totalidad del mensaje bíblico, incluyendo la justicia, la misericordia, y la gracia de Dios, la Iglesia puede ofrecer una guía clara y una esperanza verdadera, en lugar de un mensaje confuso que solo contribuye a la ansiedad y la incertidumbre.

Sabiduría de lo Alto

La sabiduría es mucho más que conocimiento intelectual o habilidad para tomar decisiones acertadas; es una forma de vida que se arraiga en el conocimiento profundo de Dios, la aceptación de Su voluntad soberana, y la práctica diaria de vivir de acuerdo con Sus propósitos y principios.

Habiendo explorado, aunque muy por encima, el concepto de sabiduría, podemos profundizar en la idea de que la sabiduría verdadera se encuentra en la aceptación de la voluntad de Dios y en el reconocimiento de Su soberanía. El conocimiento de Dios (no solo acerca de Dios) y la comprensión de Su naturaleza y voluntad son fundamentales para vivir sabiamente.

Es decir, cuando le pido a Dios sabiduría para entender, puede ser que oculte en mi petición un sesgo de inconveniencia o insatisfacción por lo que estoy pasando, es como si le estuviera diciendo: "Dios, dame sabiduría para entender, porque en el fondo no estoy de acuerdo, creo que te equivocaste".

Entendiendo esto e identificándolo, la ansiedad por los problemas se marcha, pues no hay respuestas lógicas a los acontecimientos del mundo, ni una solución humana racional, es decir, aceptando con sabiduría el hecho de que el final de la historia en el libro de Dios ya está definido, llegas a la sabia conclusión de que el pecado se quita con arrepentimiento, y el problema del mundo no es político, cultural, ni social, es de pecado. No busques sabiduría para entender, sino para aceptar y arrepentirte.

Vivir sin ansiedad por los acontecimientos del mundo, requiere que entendamos y confiemos plenamente en esta sabiduría divina. En un mundo donde los eventos parecen girar fuera de control, la clave está en reconocer que, aunque no podemos controlar todas las circunstancias, sí podemos controlar nuestra respuesta a ellas. Una de mis composiciones favoritas se llama "Oro al Fuego", y en una frase de la canción dice: *Sé, que, aunque el dolor se vuelva inevitable, el sufrimiento siempre es opcional*. La sabiduría nos enseña a mirar más allá de las tormentas pasajeras y a encontrar paz en la presencia y las promesas de Dios. Nos invita a descansar en Su soberanía, sabiendo que, en última instancia, Él tiene el control y que todo obra para bien de aquellos que le aman. "*Y sabemos que a los que aman a Dios, todas las cosas les ayudan a bien, esto es, a los que conforme a su propósito son llamados*". **Romanos 8:28.**

Así, en lugar de ser consumidos por la ansiedad ante lo desconocido, podemos anclarnos en la certeza de que Dios está al mando, y que en Él encontramos refugio y fortaleza en tiempos de incertidumbre. Al hacerlo, no solo preservamos nuestra paz interior, sino que también nos convertimos en faros de esperanza y serenidad en un mundo agitado.

Al concluir este capítulo, deseo fervientemente que las reflexiones personales compartidas te hayan guiado un paso más cerca hacia la serenidad y comprensión en tu viaje bíblico, como lo hicieron conmigo. Espero que este proceso te haya permitido descubrir la única manera de encontrar paz en medio del caos, reconociendo que, la verdadera tranquilidad y el descanso auténtico, solo pueden surgir de una profunda conexión con Dios, una conexión que va más allá del mero conocimiento y se arraiga en una relación viva y dinámica. Recuerda, no se trata solo de saber sobre Dios, sino de conocerlo, relacionarse con Él y permitir que Su presencia influya y transforme cada aspecto de tu vida. Que cada palabra leída y cada pensamiento meditado te acerquen más a ese lugar de calma y claridad espiritual, donde el bullicio externo se transforma en una armonía interna, guiada por la sabiduría y el amor de nuestro Creador.

Si estás retomando tu relación con Dios o estás comenzándola, espero que, con estas ideas, hayas encontrado herramientas valiosas para silenciar el constante ruido del mundo y aliviar tu insomnio espiritual.

Ejercicio de Reflexión Consciente:

Reflexionemos juntos sobre cómo las noticias actuales y las tendencias de la sociedad afectan nuestro estado de ánimo y nuestra fe.

- Consideremos maneras de equilibrar nuestra exposición a estos medios con tiempos de reflexión, oración y lectura de la Palabra de Dios.
- Tomémonos un par de minutos para examinarnos y reflexionar sobre cómo nos sentimos la última vez que no supimos dónde estaba nuestro celular.
- Si experimentamos ansiedad al abrir las redes sociales mientras esperamos en un semáforo antes de que la luz se ponga verde, es importante reconocer este comportamiento. Si identificamos esta tendencia en nosotros, podríamos estar enfrentando una adicción,

y nuestras emociones podrían estar siendo fácilmente manipuladas por estos medios de comunicación.

- Pensemos si nos irritamos constantemente, especialmente en contextos relacionados con nuestro uso de la tecnología.
- Imaginemos a Cristo en la cruz observándonos mientras usamos nuestro celular.
- Reflexionemos sobre las páginas web que visitamos, las aplicaciones que usamos y el contenido que consumimos en plataformas como Netflix, TikTok, Facebook e Instagram.
- Preguntémonos si Jesús aprobaría nuestras elecciones.

Este ejercicio de visualización puede ayudarnos a discernir si nuestro uso de la tecnología está alineado con nuestros valores y creencias cristianas. El desafío es encontrar un equilibrio saludable, donde la tecnología y los medios de comunicación sean herramientas útiles, pero no controlen ni consuman nuestra vida.

Bien lo dijo Pablo Muñoz Iturieta en su libro: "Apaga el celular y enciende tu cerebro". Yo le agregaría y llena de gozo tu espíritu.

Bien Hecho

Ya te examinaste de acuerdo con *1 Corintios 11:31*, ahora podemos orar.

» Oración

"Padre Celestial, en medio de un mundo convulso, lleno de desafíos y tentaciones, te pido que me guíes para entender cómo enfrentarlos con sabiduría. Reconozco que intentar abordar los problemas de este mundo sin tu sabiduría y dirección es como intentar salvar una casa en llamas olvidando a las personas atrapadas en su interior. Ayúdame a no centrarme solo en la casa, sino en rescatar y cuidar a las almas que necesitan tu amor y tu salvación. Y a la luz de todo lo que acabo de leer, examíname por si soy yo una de esas personas que requieren rescate.

Padre, dame la sabiduría para discernir y vivir de acuerdo a tu voluntad, diferenciando entre los dogmas de fe y la fe auténtica. Que mi enfoque no sea solo en lo que creo, sino cómo vivo esa creencia en una relación íntima y personal contigo. Ayúdame a entender que la verdadera sabiduría radica en conocer y reflejar tu carácter, y que la fe, no se trata de ganar debates intelectuales, sino de guiar a las personas a la luz del evangelio, mostrándoles el camino hacia un puerto seguro en Jesucristo.

Señor, en esta batalla cultural, permíteme recordar que no luchamos contra carne y sangre, sino contra principados y potestades espirituales. Que no caiga en la trampa de pelear con las armas del mundo, sino que me equipe con la armadura espiritual que Tú provees. Que mi lucha sea con la espada del Espíritu, que es tu Palabra, y que mi corazón esté siempre firme en tu verdad.

Enséñame a vivir en este mundo sin conformarme a él, a ser luz en la oscuridad, y a compartir tu amor y gracia con aquellos que se encuentran perdidos y desorientados. Que mi vida sea un reflejo de tu amor y que mis palabras y acciones sean guiadas por tu Espíritu. Dame la fuerza para vivir preparado a tu venida cuando lo tengas dispuesto y enamórame cada vez más de ella a través de Tu Palabra.

Te pido todo esto, en el nombre de Jesús, Amén."

» Meditación Final para Dormir

*"No ruego que los quites del mundo, sino que los guardes del mal." **Juan 17:15***

Al concluir este último capítulo de la serie Ansiedad, busca un momento de calma, desconectándote de las preocupaciones del mundo. Medita en la promesa de Dios de ser tu refugio y fortaleza, permitiendo que Su paz llene tu corazón y mente. Deja que estas palabras te acompañen a un descanso profundo, confiando en que, a pesar de las tormentas del mundo, estás seguro en las manos de Dios. Apaga el celular y todos tus dispositivos, y duerme que aquí está tu melatonina para el alma:

*"En paz me acostaré, y así mismo dormiré; porque solo tú, Jehová, me haces vivir confiado." **Salmo 4:8***

Que tengas una noche de descanso reparador y sereno, en la gracia y el amor de Dios.

AMIGOS

Agradezco sinceramente que hagas este peregrinaje conmigo. A través de las páginas de este devocional, hemos compartido un camino no solo hacia un mayor conocimiento, sino hacia un encuentro íntimo y profundo con Dios. Cada reflexión, cada versículo y cada oración, han sido parte de un viaje que, espero, te haya acercado más a entender y vivir la esencia del amor de Dios.

Este devocional nació de un momento de crisis personal, de luchas internas y de un diálogo sincero con mi fe. Lo que comenzó como una búsqueda personal de paz y claridad se ha transformado en un mensaje que espero resuene contigo.

Al finalizar este viaje espiritual, quiero compartir contigo lo que ha sido para mí, más que un recorrido por palabras, un verdadero despliegue del alma. Este devocional, "Melatonina para el Alma", comenzó como una manifestación de mi propia lucha con la ansiedad y mi búsqueda incansable de paz en un mundo tumultuoso.

Mirando hacia atrás, veo un camino jalonado de emociones

diversas, desde momentos de inmensa alegría hasta noches de profunda desesperación. He atravesado valles de duda y escalado cimas de fe, y en cada jornada, he descubierto que lo que realmente necesitamos es más que un alivio temporal: necesitamos una nutrición espiritual constante, una especie de melatonina para el alma, que calme nuestras mentes agitadas y nos reconforte en el abrazo de nuestro Creador.

Este devocional se ha convertido en un mosaico de reflexiones personales y desafíos. Con él, te he invitado a adentrarte en las aguas profundas de la Palabra de Dios, donde reside la verdadera paz y el descanso eterno para nuestras almas. Cada página ha sido un espejo de experiencias vividas, enseñanzas bíblicas y una franqueza que busca resonar en tu corazón, especialmente en tus momentos más frágiles.

Estoy más convencido que nunca de que, así como la melatonina regula nuestro ciclo de sueño, las verdades inmutables de Dios tienen el poder de armonizar nuestro espíritu. Al leer estas líneas, espero que hayas abierto tu corazón para que la luz de Su amor ilumine las sombras de incertidumbre y ansiedad en tu vida.

Es mi anhelo que "Melatonina para el Alma" haya sido para ti un bálsamo en momentos de dolor, un faro en la confusión y una luz radiante en la oscuridad. Que al cerrar este capítulo juntos, tu alma se haya envuelto en la paz que solo puede provenir del verdadero reposo en nuestro Señor.

Si deseas sugerir algún tema adicional relacionado con esta serie sobre la ansiedad, o si tienes interés en que reflexionemos sobre un título de serie específico, o si simplemente quieres compartir cómo estas reflexiones han impactado tu vida, o si quieres que, junto al lente de mi cámara, pueda ayudarte a contar la historia de tu marca o de tu empresa, no dudes en enviarme un correo a: luisalonso@lupacreativa.com. Será un honor para mí leer tus comentarios.

Isaías 26:3 dice: *"Tú guardarás en completa paz a aquel cuyo pensamiento en ti persevera; porque en ti ha confiado".*

Que esta promesa de paz completa te acompañe, recordándote que al mantener tu mente y corazón enfocados en Dios, encontrarás una fortaleza y serenidad que sobrepasan toda circunstancia.

Luis Alonso Naranjo

LUIS ALONSO NARANJO es costarricense, estratega creativo en el ámbito del marketing, así como cineasta, editor, productor musical y diseñador gráfico. Se ha destacado en la construcción de marcas comerciales y políticas, y tiene una gran habilidad para contar historias.

En su trayectoria, Luis ha participado en diversas campañas publicitarias y políticas. Ha perfeccionado el arte de narrar historias, lo que le ha permitido crear contenido impactante para redes sociales y televisión, caracterizado por visuales y animaciones atractivas que hacen que tanto su trabajo como las marcas con las que colabora resalten significativamente.

Además, Luis es el creador de "Los Ignorantes" y ha brillado como cantante, pianista, compositor y productor de la banda Escats, con la que ha obtenido múltiples premios y 17 de sus canciones han llegados a las listas de popularidad en la radio costarricense. Su vida experimentó un cambio radical en 2010 cuando descubrió el poder del Evangelio. Está en proceso de producción junto a su esposa Paula Lucas, del podcast "Amar i Ya", para dirimir temas de pareja y crianza de los hijos.

Luego de un grave accidente en 2015 que afectó su voz, inició un profundo peregrinaje espiritual. Hoy en día, su vida está sustentada por la gracia y misericordia de Dios, y ha decidido considerar todo su éxito comercial como pérdida en comparación con el conocimiento de Cristo.

REDES SOCIALES
@luisalonsonar @losignorantestv @luisalonsoypau
www.lupacreativa.com

MELATONINA PARA EL ALMA

"Tú guardarás en completa paz a aquel cuyo pensamiento en ti persevera; porque en ti ha confiado."

ISAÍAS 26:3

Made in the USA
Columbia, SC
12 October 2024

43378859R00114